2025
북한 종교자유 백서

White Paper on Religious Freedom in North Korea

북한인권정보센터
DATABASE CENTER FOR NORTH KOREAN HUMAN RIGHTS

2025 북한 종교자유 백서

발행일 | 2025. 10. 27.
발행인 | 박종훈
펴낸곳 | (사)북한인권정보센터

03190 서울시 종로구 삼일대로 393, 규당빌딩 4층
전 화 | 02-723-6045 팩스 | 02-723-6046
홈페이지 | http://www.nkdb.org
이 메 일 | nkdbi@hanmail.net

값 20,000원

ISBN 979-11-90000-58-1

2025 북한 종교자유 백서

북한인권정보센터
DATABASE CENTER FOR NORTH KOREAN HUMAN RIGHTS

목 차

표 목 차

그 림 목 차

Ⅰ. 백서개요

1. 백서발간 목적과 필요성

「2025 북한 종교자유 백서」는 북한의 종교정책과 종교자유 현황을 체계적으로 조사 분석함으로써 북한의 종교자유 실태에 대한 기초자료를 축적하고 종교박해 예방과 피해자 구제수단 개발을 목표로 발간되었다. 본 백서의 구체적인 발간 목표는 다음과 같다.

첫째, 북한의 종교정책 변화 양상과 그 배경을 분석한다.
둘째, 북한의 종교 실태와 한국 및 국제사회와의 종교교류 현황을 제시한다.
셋째, 북한의 종교박해 사건과 희생자를 조사하여 기록한다.
넷째, 북한의 종교박해 사건의 예방과 희생자 구제를 위한 대안 개발의 기초자료를 제공한다.
다섯째, 북한선교와 복음화를 위한 전략 개발의 기초자료를 제공한다.
여섯째, 국제기구 및 각국 정부, 그리고 국내외 관련 기관이 북한 종교자유에 대한 자료협조 요청 시 이를 제공한다.
일곱째, 북한에 종교자유가 실현되는 계기가 되기를 바란다.

이와 같이 북한의 종교자유 실태를 정기적으로 조사함으로써 북한 종교자유 수준과 종교박해 및 피해 수준, 피해 유형, 희생자의 인적정보, 그리고 가해자의 인적정보를 확보할 수 있다. 이러한 정보를 바탕으로 북한지역 복음화 전략 수립과 희생자 보상과 구제 수단을 개발하는 것이 본 백서 발간의 기본 목적이다.

현재 북한의 종교자유와 종교박해 실태에 대한 객관적이고 구체적인 정보는 매우 제한적이다. 그러나 북한 인권단체, 학계 및 정부 보고서를 통해 종교박해와 관련된 북한이탈주민들의 증언이 꾸준히 제기되고 있다.

한국 사회는 북한선교와 복음화를 준비해야 하는 시대적 소명을 안고 있다. 따라서 북한의 종교자유 실태와 종교박해 수준에 대한 심층적이고 지속적인 조사 연구를 통하여 북한의 복음화 전략 수립은 물론이고 북한종교박해 피해자들의 피해 정보를 수집하여 Database(DB)화 할 필요가 있다. 이러한 '북한 종교박해 피해자 DB'는 향후 북한 복음화의 중요한 기초자료로 활용될 것이며, 박해받는 북한 종교인들을 구제하고, 북한 정권의 종교박해를 제한하는 수단으로 기능할 것이다.

2. 조사 방법

북한 종교자유 실태에 대한 자료와 정보 입수는 북한지역 현지 조사가 불가능한 상황이기 때문에 많은 제약이 따른다. 그러나 1990년대 후반 이후 탈북자의 대규모 발생과 북한 방문자 증가로 북한 종교자유에 대한 자료 수집이 한층 용이해졌다.

본 백서는 국내외 북한이탈주민에 대한 설문조사, 면접조사, 관련 문헌조사를 통하여 분석된 내용이 정리되어 있다. 설문조사는 북한종교의 자유에 대한 북한이탈주민의 인식내용을 다루고 있으며 2007년부터 2025년 10월까지 총 15,303명이 조사에 참여하였다. 북한이탈주민에 대한 면접조사는 북한인권정보센터 부설 북한인권기록보존소의 「NKDB 통합인권 DB」와 「종교박해 하부 DB」 구축의 일부분으로 진행되었다.

현재 NKDB 북한인권기록보존소는 2만여 명의 면접 기록을 보유하고 있으며, 해당 면접자료가 분석되어 입력된 「NKDB 통합 DB」에는 2025년 9월 19일 기준으로 88,764건의 사건과 57,510명의 관련 인물 기록을 보관하고 있다. 현재까지 북한인권정보센터는 북한이탈주민을 대상으로 북한종교 관련 설문조사 및 면접조사 뿐만 아니라 북한종교 관련 문헌 수집을 지속적으로 실시하고 있으며, 그 자료들을 체계적으로 분석하여 「2025 북한 종교자유 백서」를 발행하였다.

[그림 1-1] 북한인권기록보존소 통합인권데이터베이스 체계도

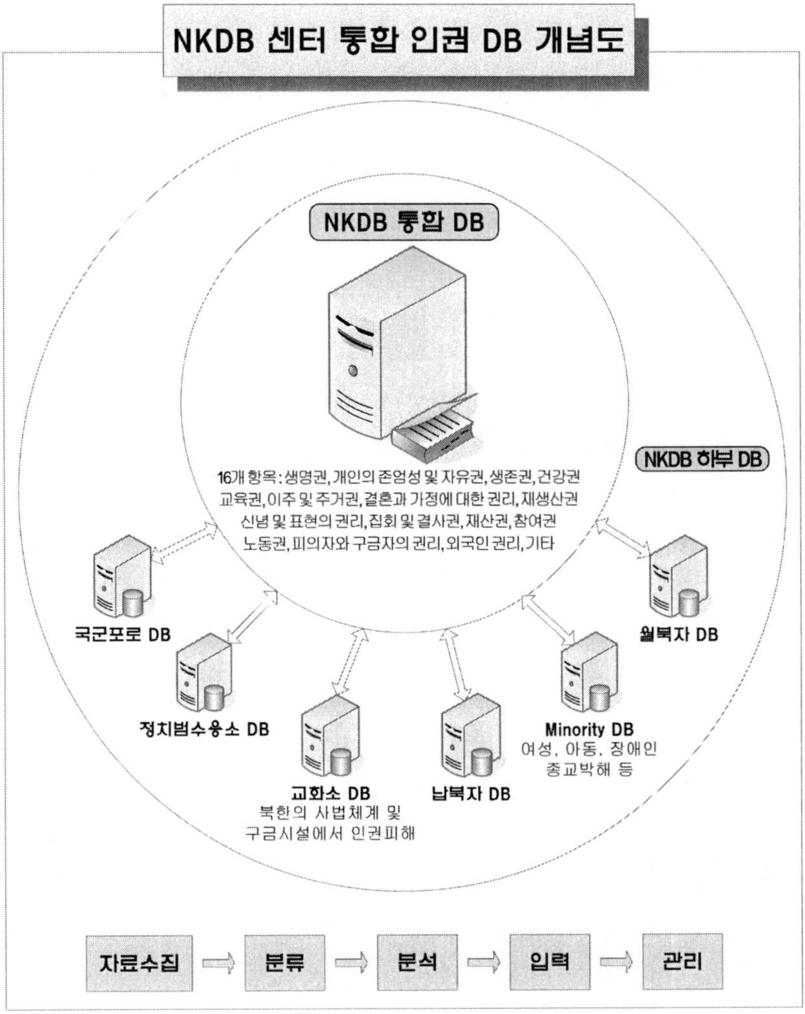

3. 조사 대상 및 내용

본 백서의 내용은 북한의 종교정책과 종교별 현황, 종교교류 및 북한 주민의 종교 활동, 그리고 북한 주민의 종교자유 및 박해 실태에 이르기까지 폭넓은 내용을 조사하여 담고 있다. 다양하고 광범위한 내용을 포함하고 있기 때문에 조사 방법 역시 문헌분석과 내용분석, 그리고 설문조사와 심층면접 등이 동시에 사용되고 있다. 본 백서 발간의 주요 목적은 다음과 같다.

① 북한종교정책 변화와 종교교류 현황 분석
② 북한종교자유 실태 및 종교자유 수준 평가
③ '북한종교박해 피해자 DB' 구축을 위한 기초자료 확보
④ 북한종교박해 희생자 구제 및 예방 전략 수립

본 백서 발간을 위한 조사는 1년 단위로 진행되었으며, 백서 발간의 의의가 해소될 때까지 계속될 것이다. 따라서 본 조사의 결과는 연례 백서로 출판되고 있으며, 향후 조사 대상자 규모는 북한이탈주민의 발생 및 입국 규모와 본 센터의 운영 상황에 따라서 증가될 전망이다. 또한 북한종교 관련 문헌자료의 수집 규모도 증가할 것으로 예상되기 때문에 본 백서의 내용은 향후 더욱 충실해질 것이다.

4. 기대효과 및 제약요인

북한은 현재까지 종교자유가 가장 낮은 종교박해 국가로 규정되고 있으며[1], 종교박해의 희생자도 증가되고 있다. 또한 북한의 종교자유가 단기간

1) 국제기독선교단체인 '오픈도어즈'는 '2025 세계 기독교 박해보고서(월드워치 리스트)'에서 기독교 신자들을 박해하는 것으로 평가된 50개 국가 가운데 북한이 최악의 국가로 꼽혔다고 밝혔다. 이로써 북한은 오픈도어즈가 해당 보고서를 발간하기 시작한 2001년 이래 2022년을 제외하고 20여년간 부동의 1위자리에 올랐다. (자유아시

에 획기적으로 개선될 가능성도 높지 않은 것으로 평가되고 있다. 그러므로 북한의 종교정책과 종교자유 변화 실태를 체계적으로 점검하고, 종교박해 피해자에 대한 DB를 구축하여 이들에 대한 피해구제와 예방 대책을 마련하는 것은 매우 유용한 것으로 판단된다.

따라서 본 백서 발간을 계기로 기대하는 효과는 다음과 같다.

첫째, 북한의 종교정책과 변화 실태를 제시함으로써 북한당국의 종교에 대한 입장과 그 변화의 의미를 실체적으로 접근하는 데 기여한다.

둘째, 북한종교정책의 변화 원인을 분석함으로써 향후 북한종교정책의 추진 방향 예측에 기여한다.

셋째, 북한의 대외 종교교류 현황을 분석함으로써 한국을 비롯한 외국과 북한과의 종교교류가 갖는 의미를 이해하는 데 기여한다.

넷째, 북한의 종교현황과 종교자유 실태에 대한 객관적 자료를 제공함으로써 북한종교에 대한 이해를 제고시킨다.

다섯째, 북한종교박해 상황과 희생자를 조사함으로써 이들 사건에 대한 예방과 피해구제 수단을 마련하는 데 기여한다.

여섯째, 북한종교에 대한 종합적 실태가 제공되기 때문에 북한지역의 선교와 복음화 전략 수립에 기여한다.

일곱째, 북한종교 실상에 대한 국내외의 관심을 제고시킬 수 있으며, 북한종교에 대한 대응정책 개발과 북한종교 관련 교육 자료로 제공될 수 있다.

이와 같이 북한종교자유 백서는 북한종교에 대한 객관적 자료 제공의 기능은 물론이고 정책개발과 교육을 위한 기초자료, 그리고 북한종교 희생자의 구제와 예방 및 북한선교 전략의 중요한 자료로 활용될 수 있을 것이다.

그러나 본 백서는 다음과 같은 한계와 제약요인을 갖고 있다.

첫째, 자료 접근성의 제약이다. 북한 종교자유 실태에 대한 객관적 자료 확보를 위해서는 북한지역에 대한 현지조사가 필요하지만, 북한은 이를 허

아방송(RFA). 오픈도어스 "북, 올해도 최악 기독교 박해국" (2025.01.15), https://www.rfa.org/korean/in_focus/nk_nuclear_talks/open-doors-north-korea-named-worst-christian-persecution-again-2025-01152025143940.html

용하지 않고 있으며, 북한종교 자유에 대한 정보를 제공할 수 있는 북한당국 관계자와 북한 주민은 물론이고 국내외 북한이탈주민에 대한 전면적인 면접조사에도 제약이 있다. 따라서 현재 상황에서는 한국 입국 북한이탈주민에 대한 인터뷰 자료 중심으로 자료를 확보하고 있다. 또한 북한지역 선교와 관련하여 북한 지하교회 현황과 해외 북한이탈주민에 대한 선교 이후 이들의 재입국 상황 등은 이들의 신변안전과 북한당국의 탄압을 피하기 위해서 공개되기 어려운 상황이다.

둘째, 자료의 신뢰성 제약이다. 북한 지역 현지실사와 종교박해 관계자에 대한 전면적인 인터뷰 조사의 제약으로 현재 수집된 자료들에 대한 신뢰성 검증에 제약이 따른다. 한국 입국 북한이탈주민 및 해외 체류 북한이탈주민의 직접 증언과 수기 등 간접증언 자료들은 상호 검증(cross check)이 필요하지만 현재로서는 완전한 검증은 한계가 있다. 하지만 증언자가 증가하고 종교자유 증언 자료가 늘어날수록 상호검증 가능성은 높아지기 때문에 자료의 신뢰성은 점차 제고될 것이다.

셋째, 자료수집과 분석의 제약이다. 북한종교 자유에 대한 국내외의 관심이 증대되고 있지만, 북한종교 실태에 대한 자료의 지속적 수집과 체계적 분석, 그리고 정례적인 백서 발간에 대한 종교계의 지원과 관심은 높지 않기 때문에 전문 인력과 재원의 부족으로 자료수집과 분석에 제약이 따르고 있다. 이러한 제약요인은 국내외 종교계와 정부의 관심과 지원이 이루어질 경우 해결될 수 있을 것이다.

넷째, 자료 내용과 수준의 제약이다. 북한 종교자유 실태에 대한 정보는 북한에서 생성된 일차 문서자료보다는 북한 방문자와 탈출자의 기억에 의존하는 것이 대부분이다. 따라서 과거 사례의 경우 증언자의 기억력 한계와 증언 사례 부족으로 자료의 내용이 빈약한 경우가 있다.

이와 같은 제약요인에도 불구하고 본 백서는 국내 입국한 북한이탈주민 15,303명의 조사 자료와 북한종교 자유 관련 대부분의 문헌자료를 수집하여 분석한 결과가 포함되었기 때문에 북한 종교자유 실태의 전체적 현황을 제시하는 데 부족함은 없을 것으로 보인다.

Ⅱ. 종교자유의 의미

1. 종교자유의 개념

1) 종교의 개념

북한의 종교자유에 대해 논의하기에 앞서 종교의 개념에 대한 명확한 이해가 필요하다. 이는 종교를 정의하는 방식에 따라 종교의 자유 보장과 제한의 범위가 달라질 수 있기 때문이다.

일반적으로 종교는 사람들이 신성하거나 거룩하다고 여기는 것과 맺는 관계를 종교의 본질로 규명해왔다. 이 상호작용은 인간의 근본적인 존재와 삶의 의미, 그리고 사후 세계를 탐구하는 방식이며, 종교적 체험과 믿음을 통해 이러한 질문에 대한 해답을 찾는 과정이라고 정의된다.[2]

이 과정에서 종교심리학자들은 주로 개인의 주관적인 인식과 내면적인 체험을 종교의 핵심 구성요소로 생각해왔다. 이들은 신에 대한 내재적인 인식이 개인의 종교 생활에 중요한 영향을 미친다고 보았으며, 개인의 주관적인 신앙 체험을 통해 종교는 형성되고 유지되는 것으로 보았다. 한편, 종교사회학자들은 주로 신앙의 배경과 종교 활동의 환경 즉 사회를 중심으로 종교의 본질을 분석하였다.[3] 그들은 개인의 신앙보다는 종교적 의식과 제도들이 집단 내 사람들 간의 믿음을 공유하고 유지하게 하는 역할에 주목하였다.[4]

위와 같은 종교의 구성요소를 고려하면, 종교란 단순히 초인간적·초자연

---

2) "Religion," Encyclopaedia Britannica, accessed January 7, 2025, https://www.britannica.com/topic/religion.
3) "The Concept of Religion," Stanford Encyclopedia of Philosophy, accessed January 7, 2025, https://plato.stanford.edu/entries/concept-religion/.
4) "Émile Durkheim (1858-1917)," Internet Encyclopedia of Philosophy, accessed January 7, 2025, https://iep.utm.edu/emile-durkheim/#H4.

적인 힘에 대한 개인적인 신앙만을 의미하는 것이 아니라, 사회구조와 밀접하게 연계되어 사회에 영향을 미치는 중요한 현상임을 알 수 있다. 개인의 신앙과 사회에서의 실제 종교적 실행 간에는 차이가 있을 수 있지만, 두 요소는 서로 긴밀하게 연결되어 있다. 종교가 개인의 사회적 관계와 윤리적 선택 등 인간의 실존적 문제를 다룬다는 점을 감안할 때, 개인의 신앙은 내면적인 신념에 머물지 않고 필연적으로 사회적 규범과 행위로 외부에 드러날 수밖에 없다.[5]

따라서 개인의 종교적 관념과 체험과 같은 내재적 요소와 종교의 의식과 제도와 같은 외재적 요소는 상호 영향을 주고받는다고 볼 수 있다. 이로 인해 종교의 자유를 논의할 때, 종교 개념의 이러한 종합적인 면을 고려하여 자유 보장의 수준을 평가하는 것이 중요하다.

2) 종교의 자유의 개념

동서양을 불문하고 인류역사와 더불어 다양한 종교가 우리 생활과 항상 같이 존재하여 왔다. 헌법상의 모든 자유권의 출발이며 정신적 자유권의 중심에 있는 종교의 자유는 서구 제국의 모든 국민들이 교권 및 그와 야합한 국가권력의 탄압에 대항하여 수 세기 동안 싸워서 쟁취한 근대정신의 근간으로서 자유권적 기본권 중에서 선구적 자리를 차지하였다.[6] 한국 헌법도 종교의 자유를 규정하고 이를 보장하고 있으며, 북한도 헌법에서 공민의 기본적인 권리와 의무의 하나로 신앙의 자유를 언급하고는 있다.

한편 1948년 UN에서 채택한 세계인권선언(Universal Declaration of

---

5) "What is Religion?," OpenStax, accessed January 7, 2025.
https://openstax.org/books/introduction-anthropology/pages/13-1-what-is-religion.

6) 정신적 자유권에는 ① 양심의 자유, ② 종교의 자유, ③ 학문과 예술의 자유, ④ 표현의 자유 등이 있다. "First Amendment," Encyclopedia Britannica, accessed January 7, 2025,
https://www.britannica.com/topic/First-Amendment/Related-rights.

Human Rights)과 1966년 12월 16일 채택되고 1976년 3월 23일 발효된 시민적 및 정치적 권리에 관한 국제 협약(International Covenant on Civil and Political Rights) 제18조는 종교의 자유를 다음과 같이 규정하고 있다.

1. 모든 사람은 사상, 양심 및 종교의 자유에 대한 권리를 가진다. 이러한 권리는 스스로 선택하는 종교나 신념을 가지거나 받아들일 자유와 개인적으로 또는 타인과 공동체로 그리고 공적 또는 사적으로 예배, 의식, 실천 및 교육을 통하여 그의 종교나 신념을 표명하는 자유를 포함한다.
2. 어느 누구도 스스로 선택하는 종교나 신념을 가지거나 받아들일 자유를 침해할 수 있는 강제를 받지 않는다.
3. 자신의 종교나 신념을 표명하는 자유는 법률에 규정되고 공공의 안전, 질서, 보건, 도덕 또는 타인의 기본적 권리 및 자유를 보호하기 위하여 필요한 경우에만 제한될 수 있다.[7)]
4. 이 규약의 당사국은 부모 또는 경우에 따라, 법정후견인이 그들

---

7) Article 18
1. Everyone shall have the right to freedom of thought, conscience and religion. This right shall include freedom to have or to adopt a religion or belief of his choice, and freedom, either individually or in community with others and in public or private, to manifest his religion or belief in worship, observance, practice and teaching.
2. No one shall be subject to coercion which would impair his freedom to have or to adopt a religion or belief of his choice.
3. Freedom to manifest one's religion or beliefs may be subject only to such limitations as are prescribed by law and are necessary to protect public safety, order, health, or morals or the fundamental rights and freedoms of others.
4. The States Parties to the present Covenant undertake to have respect for the liberty of parents and, when applicable, legal guardians to ensure the religious and moral education of their children in conformity with their own convictions. UNTS 999, 171, art. 18.

자신의 신념에 따라 자녀를 종교적 및 도덕적으로 교육할 수 있는 자유를 존중할 것을 약속한다.

아래에서는 세계인권선언, 시민적 및 정치적 권리에 관한 국제규약, 그리고 한국 헌법에서 규정하고 있는 종교의 자유의 개념을 좀 더 구체적으로 살펴보겠다. 먼저 종교를 선택할 수 있는 자유(신앙의 자유)는 핵심적인 것으로서 "신앙 선택, 신앙 변경, 신앙 고백, 신앙 불 표현, 무신앙의 자유"를 포함한다. 종교를 표현할 수 있는 자유는 기도나 예배 등과 같이 외부적 행위로 표현되는 종교의식의 자유를 말한다. 이에는 종교를 목적으로 집회 및 결사를 형성하는 종교적 집회·결사의 자유와 그러한 집회 및 결사로부터 이탈할 수 있는 자유를 포함한다. 종교교육의 자유는 학교에서 종교 교육을 실시할 수 있는 자유를 의미한다.[8] 즉 세계인권선언, 시민적 및 정치적 권리에 관한 국제협약 그리고 한국 헌법은 종교의 개념에서 검토한 종교체계의 전체적인 자유를 보장하고 있음을 알 수 있다.

한편 종교의 자유는 국가에 대한 대국가(對國家)적 자유이며 동시에 사인(私人)에 대하여도 주장할 수 있는 대사인(對私人)적 효력을 가진다. 하지만 종교의 자유도 그 한계를 가지는데 신앙의 자유를 제외한 종교적 행사의 자유, 종교적 집회·결사의 자유, 선교의 자유와 종교교육의 자유는 외면적으로 표현되는 행위이기 때문에, 특정한 경우에는, 제한이 가능한 상대적 자유임을 명시하고 있다.[9]

---

8) 교육기본법 제6조(교육의 중립성) ① 교육은 교육 본래의 목적에 따라 그 기능을 다하도록 운영되어야 하며, 정치적·파당적 또는 개인적 편견을 전파하기 위한 방편으로 이용되어서는 아니 된다. ② 국가와 지방자치단체가 설립한 학교에서는 특정한 종교를 위한 종교교육을 하여서는 아니 된다.
(http://www.law.go.kr/lsInfoP.do?lsiSeq=136608&efYd=20130323#0000, 2013년 7월 15일 검색)

9) 윤진숙, "종교의 자유의 의미와 한계에 대한 고찰," 『법학연구』, 제20권, 제2호 (서울: 연세대학교 법학연구원, 2010), pp. 120-121.

2. 종교자유의 주체

한국 헌법에서는 신앙의 자유나 종교적 행위의 자유는 국가에 의한 간섭이나 영향 또는 침해로부터 방어할 수 있는 권한으로 규정하고 있다. 즉 개인의 신앙의 형성이나 유지에 있어서 국가가 간섭을 하거나 영향력을 행사하는 것을 방지하고, 신앙을 고백하거나 침묵할 자유를 비롯한 여러 가지 종교적 행위의 자유를 국가가 침해하지 못하도록 규정한 방어적 성격의 권한을 의미한다.

또한 종교자유는 객관적 가치 질서로써의 성격도 갖는다. 즉 종교자유는 민주주의 질서와 법치국가 질서의 기본요소로서 종교적 및 세계관적 가치에 대한 국가의 중립적 자세의 근거가 된다. 그러한 가치에 대한 국가의 중립성은 자유로운 정신활동을 보장함으로써 정치적 및 정신적 활동을 촉진하고, 복수의 종교 및 세계관을 가능케 한다.

종교의 자유는 자연인으로서 인간이 가지는 권리라는 법적 성격을 내포하므로 종교의 자유의 주체는 내국인, 외국인 그리고 무국적인이 될 수도 있다. 종교의 자유에 포함되어 있는 신앙의 자유에 있어서는 자연인만이 주체가 되지만, 종교교육, 종교적 행사 그리고 종교적 집회 및 결사의 자유에 있어서는 법인도 주체가 될 수 있다.[10]

10) 위의 논문, p. 38.

3. 종교자유의 유형

종교의 자유에는 앞에서 살펴본 바와 같이 다음과 같은 네 가지 유형이 포함된다. ① 신앙의 자유, ② 종교적 행위의 자유, ③ 종교적 언론·출판·집회·결사의 자유(종교적 표현의 자유), ④ 선교(포교)의 자유. 신앙의 자유는 종교자유의 최소한을 의미하며, 이는 자유로운 종교적 행사에 의해 확대되고 강화된다. 또한, 종교적 집회 및 결사의 자유, 선교의 자유 그리고 종교교육의 확립 등이 종교의 자유가 완전한 형태로 실현되는 데 기여한다.[11]

1) 신앙의 자유

종교의 자유는 우선적으로는 신앙의 자유를 의미하며, 신앙의 자유는 종교의 자유의 핵심이다. 마운쯔(Th. Maunz)는 신앙을 "신과 피안에 대한 인간의 내적인 확신"이라고 정의하였다. 이에 따르면 신앙의 자유란 신과 피안의 세계에 대한 내면적 확신을 갖거나 갖지 않을 자유를 말한다. 이는 개인적 신앙(신앙적 확신)을 형성하는 데 있어서 국가가 영향력을 행사하거나 신앙을 강제하는 것을 금지함을 의미한다. 신앙의 자유는 또한 신앙을 선택할 자유뿐만 아니라 신앙을 변경(개종)하거나 포기할 자유도 보장한다. 이러한 신앙의 자유는 어떠한 이유로도 제한될 수 없는 절대적인 자유의 성격을 가진다.[12]

2) 종교적 행위의 자유 (종교의식의 자유)

종교의 핵심인 신앙은 내면의 영역에만 머무는 것이 아니라 여러 가지 형태의 행위로 표현된다. 종교적 행위는 개인의 신앙을 외부로 나타내는 중

11) 권영성, 『헌법학 원론』 (서울: 법문사, 2010), p. 490.
12) 위의 책, p. 491.

요한 방법으로, 기도, 예배, 독경, 예불, 축전 등 다양한 종교의식이 포함되는데, 이러한 행위는 신앙을 실천하고 신앙의 깊이를 증진시키는 데 기여한다. 따라서 종교의 자유는 종교적 행위의 자유를 포함하며, 개인이 이러한 종교의식을 자유롭게 수행할 수 있는 권리를 보장한다. 여기서 의식은 종교상의 의식뿐만 아니라 종교적 형식에 의한 혼인 및 장례 의식 등도 포함한다.

한편 이러한 종교의식의 자유는 개인이 자발적으로 종교의식을 수행할 수 있는 자유뿐 아니라, 종교의식이나 집회에 참여하지 않을 자유(참여를 강제당하지 않은 권리)도 포함된다. 이로써 개인의 신앙 표현이 강제나 제약 없이 이루어질 수 있도록 보장된다.[13)]

3) 종교적 집회·결사의 자유

종교의 자유는 종교적 집회·결사의 자유를 포함한다. 종교적 집회는 종교적인 목적으로 동일한 신앙을 가진 사람들이 일시적으로 모이는 자유를 의미하며, 종교적 결사는 이들이 지속적으로 단체를 조직하거나 결합하는 것을 말한다. 종교적 집회·결사의 자유는 이러한 모임과 단체 형성의 자유는 물론, 그에 참가 또는 가입하거나 탈퇴할 자유를 보장한다. 또한 누구도 종교적 집회나 단체에 참가를 강요당하지 아니한다. 이 자유는 일반적 집회·결사의 자유에 대해 특별법적 지위에 있으므로 종교적 집회와 결사는 일반적 집회와 결사보다 특별한 보호를 받는다. 예컨대 집회 및 시위에 관한 법률(제15조)은 종교집회에 대해서는 집회 및 시위의 신고제 등을 적용하지 않는다고 명시하고 있는 것 등이 그것이다. 따라서 국가는 종교적 집회나 종교단체의 조직을 금지할 수 없고 그에 관하여 인가제를 규정할 수도 없다.[14)]

13) 위의 책, p. 491.
14) 위의 책, p. 491.

4) 선교의 자유

종교의 자유는 선교(포교)의 자유를 포함한다. 선교의 자유란 자신의 종교적 확신을 다른 사람에게 선전하고 전파하는 자유를 말한다. 선교는 자기의 신앙을 선전 전파함으로써 신앙을 실천하는 자유이다. 자신의 신앙을 언어나 예술 등의 형식으로 표현하는 소극적인 신앙 고백과는 달리 선교는 신자를 규합하기 위한 적극적인 신앙의 실천 행위이다.

선교의 자유에는 다른 종교를 비판하거나 다른 종교의 신자에 대한 개종을 권고할 수 있는 자유가 포함된다. 종교단체에서 행하는 봉사활동이나 종교적 모금운동도 선교의 일환으로서 보장된다.

5) 종교교육의 자유

종교의 자유에는 종교교육의 자유가 포함된다. 종교교육의 자유란 종교적 교리에 기초하여 가정이나 학교에서 종교를 교육할 수 있는 자유를 말한다. 특히 종교교육을 목적으로 사립학교를 설립하거나 이러한 사립학교에서 특정 종교 교육을 실시하는 것은 원칙적으로 허용된다. 그러나 국가나 지방자치단체가 국·공립학교에서 특정 종교를 위한 종교 교육을 실시하는 것은 정교분리의 원칙에 따라 금지된다(헌법 제20조 및 교육법 제5조 제2항 참조).

4. 종교자유의 한계와 제한

종교의 자유는 양심의 자유와 함께 정신적 자유의 근간을 이루는 기본권이다. 종교의 자유는 원칙적으로 국가의 권력으로부터 보호하고자 하는 대국가적 효력을 가지는 방어권으로서의 자유를 의미하지만 국가 이외의 모든 잠재적인 침해자로부터의 보호를 포괄한다.

그러나 한국 헌법 제37조 제2항에 따라 국가안전보장, 질서유지와 공공복리를 위하여 필요하다고 판단되는 경우에는 종교의 자유를 법률로써 제한할 수 있게 되어 있다.[15] 즉 종교의 자유 중에서도 내면적 자유인 신앙의 자유와는 달리 종교적 행위의 자유, 종교적 집회·결사의 자유, 선교의 자유 등은 외부에 나타나는 행위이기 때문에 헌법유보나 법률유보에 의하여 제한될 수 있는 상대적 자유권이라는 것이다.[16]

하지만 종교의 자유를 제한하는 경우 명백하고 현존하는 위험의 원칙(clear and present danger rule)이나 과잉금지의 원칙에 위반되지 않아야 한다. 특히 질서유지와 공공복리라는 개념은 시대의 조류에 따라 부단히 변할 수 있으므로 그 해석에 신중을 기해야 한다. 따라서 종교의 자유를 제한하기 위해서는 구체적이고 명확한 규제 법률이 요청되며, 제한의 정도를 판단할 때에 과잉금지의 원칙을 준수하여야 한다. 종교의 자유는 다른 자유권과는 달리 인간의 정신세계에 기초를 둔 자유이므로 이에 대한 지나친 제한은 정신적 존재로서의 인간의 존엄과 가치를 침해하는 것이라는 것을 인식하여야 한다.[17]

---

15) 헌법 제37조 ② 국민의 모든 자유와 권리는 국가안전보장·질서유지 또는 공공복리를 위하여 필요한 경우에 한하여 법률로써 제한할 수 있으며, 제한하는 경우에도 본질적인 내용을 침해할 수 없다. (http://www.law.go.kr, 검색일: 2024년 12월 1일)
16) 권영성, 앞의 책, p. 493.
17) 윤명선, 『헌법체계론II』 (서울: 법률계, 1996), p. 435.

Ⅲ. 북한의 종교 현황

1. 북한에서 종교의 의미

공산주의는 종교를 아편으로 규정하고, 부정 및 배척하면서, 공산혁명의 완수를 위해 제거해야 할 대상으로 규정하였다. 또한 공산주의는 종교가 공산주의 교리체계인 유물사관과 충돌할 뿐만 아니라, 낡은 체제의 정신적 지주로서 공산주의 체제 수립을 저해한다고 보고 반종교투쟁을 강조하였다. 이러한 사상적인 배경에는 신의 존재를 부정하는 철학사상과 유신론을 배척하는 무신론이 있다. 이러한 사상적인 경향은 독일의 포이에르 바하, 마르크스, 엥겔스로 이어졌고, 레닌과 스탈린, 마오쩌뚱, 그리고 김일성 등이 권력을 장악한 이후에는 실제로 종교를 타도하는 정책으로 나타났다. 특히 김일성 정권은 가장 철저하게 소련식 종교정책을 추진했다. 그러나 그는 공산주의 이데올로기의 이상을 실현하기 위하여 종교를 적극적으로 동원하면서 통제하려는 경향을 보이기도 하였다.

북한의 종교정책에 결정적인 영향을 미친 김일성의 종교관은 "종교는 일종의 미신입니다. 예수를 믿든지, 불교를 믿든지 그것은 본질상 다 미신을 믿는 것입니다. 종교는 역사적으로 지배계급의 수중에 장악되어 인민들을 기만하고 착취하고 압박하는 도구로 이용되었으며, 또 근대에 들어와서는 제국주의자들이 후진국 인민들을 침략하는 사상적 도구로 이용되었습니다."[18]라고 언급한데서도 잘 나타나 있다. 김일성은 첫째는 종교를 역사적으로 봉건 지배계급의 수중에 장악되어 인민들을 기만하고 착취, 압박하는 도구로 인식하였다는 것이다. 이는 반봉건적인 측면에서 종교를 탄압하는 원인으로 작용하였다. 둘째는 종교를 후진국 인민들을 침략하기 위한 제국주의자들의 사상적 도구로 인식하였다. 즉 김일성은 미국이 한반도를 식민지

18) 조선로동당 중앙위원회직속 당력사연구소, 『김일성저작선집』 제1권 (동경: 학우서방 출판사, 1967).

화했다고 보고, 식민지화 과정에서 천주교, 기독교 등 서양 종교가 선교 목적으로 유입되면서 대중을 조직화하여 사회 혼란과 국가전복을 기도하였다고 보았다. 이러한 김일성의 인식은 종교에 대한 적대적인 정책으로 나타날 수밖에 없었다.[19)]

한편 북한 헌법은 종교에 대한 부분적인 자유를 허용한다고 규정하고 있으나, 북한 사회에서 실질적인 종교의 자유는 허용되지 않고 있다. 북한은 기본적으로 종교를 극복해야 할 대상으로 보기 때문에 '종교의 자유'가 내포하는 포괄적인 자유는 인정하지 않고 헌법에 명시된 '신앙의 자유'만을 일부 인정한다고 밝혀왔다. 본래 신앙의 자유에는 신앙의 형성, 변경, 포기 및 불신앙의 자유가 포함된다.

북한 헌법에 명시된 신앙의 자유는 어떤 종교를 믿고, 종교의식을 위한 건물을 짓고, 종교의식을 행할 자유를 보장한다는 것일 뿐 포교 혹은 전도 행위, 종교교육, 예배장소 이외의 장소에서 성경 및 교리서 지참 같은 종교 행위의 자유는 사실상 금지되어 있다. 그러나 이러한 제한적이고 형식적인 신앙의 자유도 모든 사람이 누릴 수 있는 것이 아니라 사회주의 혁명을 지지하고 동참하는 사람들 중 당국의 정책적 활용수단으로 필요한 경우에 한정된다.

북한은 해방 직후부터 사회주의 혁명에 반대할 경우 신앙의 자유를 허용하지 않았고 종교인들은 신앙의 자유를 위해서 사회주의 건설에 협력해야만 했다.[20)] 북한당국의 종교에 대한 정책과 태도는 외부 정세의 영향과 당의 필요에 따라 차츰 변화되어왔다.

해방 후 북한당국은 종교를 '아편'으로 규정하고 봉건시대의 낡은 잔재인 미신에 불과하다고 보았다. 김일성은 "종교는 반동적이며 비과학적인 세계관입니다. 사람들이 종교를 믿으면 계급의식이 마비되고 혁명하려는 의욕이 없어지게 됩니다. 결국 종교는 아편과 같은 것이라고 말할 수 있습니다."라고 언급한 바 있다.[21)]

19) 하종필, 『북한의 종교문화』 (서울: 선인, 2003), pp. 24-31.
20) 박승덕, 『기독교와 주체사상』 (서울: 신앙과 지성사, 1993), p. 81.

그러나 1990년대에 발간된 김일성의 『세기와 더불어』에는 "종교를 아편이라고 한 마르크스의 명제를 극단적으로, 일면적으로 해석해서는 안 된다. 그 명제는 종교적 환상에 유혹당하는 것을 경계하라는 의미에서 한 말이지 종교인 일반을 배척하라는 것이 아니다."라고 언급되어 있다.[22]

종교에 관한 북한의 헌법 규정도 당국의 입장 변화에 발맞춰 변화되어 왔다. 1948년 9월에 공포된 북한 헌법에서는 공민의 기본적 권리와 의무 항목에 "공민은 신앙 및 종교의식 거행의 자유를 가진다."고 명시하였다. 그러나 한국전쟁을 겪고 난 후 1972년에 개정된 헌법에서는 "공민은 신앙의 자유와 반종교선전의 자유를 가진다."로 수정되었다. 이는 실제적으로 '반종교선전의 자유'에 무게를 두었으며, 종교를 억압 또는 핍박 할 수 있는 여지를 남겼다고 볼 수 있다. 이후 1992년에 다시 개정된 헌법에서는 '반종교선전의 자유'라는 문구를 삭제함으로써 종교에 대한 부정적 요소를 제거했으나, "종교를 외세를 끌어들이거나 국가사회질서를 해치는데 리용할 수 없다."라는 말로 여전히 종교를 제한하고 있다.[23]

북한 헌법에 규정된 종교 관련 조문의 변화를 살펴보면 다음의 〈표 3-1〉과 같다.

〈표 3-1〉 북한 헌법에 규정된 종교 관련 조문 변화

제정 및 개정 연도	종교 관련 조문
조선민주주의인민공화국헌법 (1948년 9월 8일)	제2장 공민의 기본적 권리 및 의무 제14조 공민은 신앙 및 종교의식 거행의 자유를 가진다.
조선민주주의인민공화국 사회주의 헌법 (1972년 12월 28일)	제4장 공민의 기본적 권리 및 의무 제54조 공민은 신앙의 자유와 반종교선전의 자유를 가진다.

21) 김일성, 『김일성 저작집 5 (1949.1~1950.6)』 (평양: 조선로동당 출판사, 1980), p. 154.
22) 김일성, 『세기와 더불어』, 제5권 (평양: 조선로동당 출판사, 1994), p. 349.
23) 김원곤, "세계화시대 북한의 종교정책과 종교자유에 관한 연구," 『선교신학』, 제26집 (2011), p. 18.

조선민주주의인민공화국 사회주의 헌법 (1992년 4월 9일)	제5장 공민의 기본적 권리 및 의무 제68조 공민은 신앙의 자유를 가진다. 이 권리는 종교건물을 짓거나 종교의식 같은 것을 허용하는 것으로 보장된다. 누구든지 종교를 외세를 끌어들이거나 국가사회질서를 해치는데 리용할 수 없다.
조선민주주의인민공화국 사회주의 헌법 (1998년 9월 5일) ※ 이후 변화 없음	제5장 공민의 기본적 권리 및 의무 제68조 공민은 신앙의 자유를 가진다. 이 권리는 종교건물을 짓거나 종교의식 같은 것을 허용하는 것으로 보장된다. 종교를 외세를 끌어들이거나 국가사회질서를 해치는데 리용할 수 없다.

이와 같은 종교에 관한 헌법 규정의 변화는 남북 간 교류 활성화와 국제정세의 변화에 따른 정치적·경제적 이해를 반영한 것이었다. 이러한 변화는 1981년에 출판된 『현대조선말사전』과 1992년에 출판된 『조선말대사전』에 나온 '종교'에 대한 정의에서도 극명하게 드러난다. 『현대조선말사전』에서는 종교를 '반동적인 세계관', '인민들의 혁명의식을 마비시키는 아편'으로 정의한 데 반해, 『조선말대사전』에서는 종교에 대한 정의가 비교적 가치중립적으로 서술되어 있다. 상세한 정의는 아래 〈표 3-2〉에 제시되어 있다.

〈표 3-2〉 '종교'에 대한 북한의 사전적 정의 변화

구 분	'종교'에 대한 정의
현대조선말사전 (1981년 판)	종교란 신, 하느님과 같은 자연과 사람을 지배하는 그 어떤 초자연적이고 초인간적인 존재나 힘이 있다고 하면서 그것을 맹목적으로 믿고 그에 의지해서 살게 하며 이른바 저승에서의 행복한 생활을 꿈꿀 것을 설교하는 반동적인 세계관 또는 그러한 조직……. 력사적으로는 지배계급이 인민을 속이고 억압, 착취하는 도구로 리용되었으며 근대에 와서는 제국주의자들이 뒤떨어진 나라들을 침략하는 사상적 도구로 리용되고 있다. 종교는 인민대중의 혁명의식을 마비시키고 착취와 억압에 무조건 굴종하는 무저항주의를 고취하는 아편이다.

조선말대사전 (1992년 판)	종교란 사회적 인간의 지향과 념원을 환상적으로 반영하여 신성시하며 받들어 모시는 초자연적이고 초인간적인 존재에 대한 절대적인 신앙 또는 그 믿음을 설교하는 교리에 기초하고 있는 세계관. 신이나 하느님과 같은 거룩한 존재를 믿고 따르며 그에 의지해 살아갈 때에만 온갖 소원이 성취될 뿐 아니라 래세에 가서 영원한 행복을 누릴 수 있게 된다고 설교한다. 원시 종교로부터 시작하여 불교, 기독교, 회교 등 수많은 종교와 그의 크고 작은 류파들이 있다.

한편 북한의 사전에 나오는 종교 관련 용어에 대한 해석을 살펴보면, 종교에 대한 북한당국의 정책변화를 다시 한번 확인할 수 있다. 동구유럽의 사회주의권이 붕괴한 1980년대 말 이후 북한에서는 기존의 종교에 대한 부정적 해석과 개념을 순화하거나 삭제하는 등의 변화가 있었는데, 그 내용은 〈표 3-3〉에서 보는 바와 같다.

〈표 3-3〉 종교 관련 용어에 대한 북한의 사전적 정의 변화

구 분	현대조선말사전 (1981년 판)	조선말대사전 (1992년 판)	조선대백과사전 (2000년 판)
기독교	낡은 사회의 사회적 불평등과 착취를 가리우고 합리화하며 허황한 천당을 미끼로 하여 지배계급에게 순종할 것을 설교	교회의 주되는 이념은 평등과 박애이다. 그리스도의 교훈을 잘 지키면 천당을 간다고 설교	신의 아들이라는 예수를 크리스트로 내세우고 그에 의한 인류의 구제를 설교하는 종교
교회	종교의 탈을 쓰고 인민들을 착취하도록 반동적 사상 독소를 퍼트리는 거점의 하나	기독교에서 여러 가지 종교적 의식을 하고 사람들에게 기독교를 믿도록 선전하기 위하여 지은 건물	종교를 믿는 신자들이 예배, 세례, 성찬과 같은 예식을 집행하는 집합장소

성경	예수교의 허위적이며 기만적인 교리를 적은 책	주로 기독교에서 종교의 교리를 적은 책	
불교	죽어서 극락세계로 가기 위해서는 현실세계에서의 모든 고충을 참고 견디어야 한다는 노예적인 굴종사상과 무저항주의를 설교	인간을 고뇌에서 해방하며 자비심을 베푸는 것을 이념으로 하고 속세를 떠나 도를 잘 닦으면 극락세계에 이른다고 설교	고통이 인간의 삶의 본질이므로 온갖 집착을 버리고 자기가 추구하는 지향을 억제하며 정신 수양을 통해 모든 것을 해탈하고 열반에 도달해야 한다고 설교

◦ 출처: 통일연구원, 『2009 북한개요』 (서울: 통일연구원, 2009), p. 438.

이처럼 북한이 종교를 정의하고 해석함에 있어서 변화를 보이는 한편 종교 활동에 대해 조금이나마 전향적인 자세를 취하고 있는 데는 몇 가지 이유가 있다.

첫째, 북한에 종교가 없다는 주장이 결코 자랑이 될 수 없으며 국제사회의 조롱 및 비난의 대상이 될 뿐이라는 점을 자각했기 때문이다. 즉 대외적인 이미지를 개선하기 위한 조치라는 것이다.

둘째, 종교를 대남교류와 관련하여 정치·경제적으로 활용하기 위해서라고 볼 수 있다. 실제로 북한에서 종교에 대해 전향적인 자세를 갖게 된 것은 남한과의 본격적인 대화를 전후해서라고 할 수 있는데, 1990년대 이후 식량난을 계기로 남한과 외국의 종교단체들이 인도적인 지원활동을 하면서 북한종교단체의 활동도 보다 활성화되었다.24)

그러나 김정은 등장 이후 종교박해는 점차적으로 강화되어왔다. 더구나, 2019년 발생한 코로나 발생 및 전염 차단을 이유로 국경은 완전히 폐쇄되었고, 더 이상 국경을 통한 탈북이나 교류는 거의 불가능에 이르고 있다. 또한 당국은 북한 사회에 스며든 한류 문화 및 종교 등 외부정보를 차단하

24) 통일부, 『2009 북한이해』 (서울: 통일부, 2009), p. 241.

기 위한 다양한 법제를 제정하고, 이를 어길 시 강력한 처벌을 지속하고 있다. 코로나 이후 외부정보 차단 및 종교탄압과 관련하여 제정된 주요 법과 내용은 다음과 같다.

〈표 3-4〉 코로나 이후 제정된 종교 탄압 관련 법과 내용

법	내용
조선민주주의인민공화국 군중신고법 (2019년 4월 28일)	제15조 (신고할 내용) 기관, 기업소, 단체와 공민은 다음과 같은 범죄 및 위법행위에 대하여 신고하여야 한다. 10. 불량행위, 음탕한 행위, 미신행위, 매음행위, 도박행위를 하거나 그러한 행위를 추기거나 조건을 보장하여주는 행위
조선민주주의인민공화국 반동사상문화배격법 (2020년 12월 4일)	제23조 (성록화물 시청, 재현, 미신전파 금지) 공민은 색정영화, 색정사진, 성록화물과 미신을 설교한 출판선전물을 시청, 류포하거나 재현하는 행위를 하지 말아야 한다.
조선민주주의인민공화국 청년교양보장법 (2021년 9월 29일)	제41조 (청년들이 하지 말아야 할 사항) 청년은 다음과 같은 행위를 하지 말아야 한다. 1. 살인, 강도, 강간을 비롯한 강력범죄행위 2. 성불량행위, 음탕한 행위, 매음행위, 도박행위 3. 종교와 미신행위
조선민주주의인민공화국 인민반조직운영법 (2023년 12월 21일)	제20조 (반사회주의, 비사회주의적 현상과의 투쟁) 인민반장은 반원들속에 국가의 법규범과 규정을 깊이 해설하고 인민반안에 건전하고 혁명적인 생활기풍을 세우기 위한 사업을 실속있게 벌려 강력범죄와 미신행위, 장사행위, 불량행위를 비롯한 온갖 반사회주의, 비사회주의적 현상들이 나타나지 않도록 하여야 한다.

2. 북한의 시기별 종교정책 변화

북한당국은 종교를 정치적으로 이용하면서 실제적으로는 탄압하는 이른바 '병행정책'을 실행해온 것으로 보인다. 이러한 '병행정책'은 북한 내부에서는 종교 탄압을 지속하지만, 대외적으로는 종교를 부분적으로 인정하며 종교자유를 보장하는 듯한 인상을 주려는 이중적인 접근을 의미한다. 이를 통해 북한당국은 외부 세계로부터 정치적 비판을 일정 부분 피하고, 경제적 지원을 얻으려는 시도를 해온 것으로 평가된다. 그러나 북한당국의 종교에 대한 입장은 종교인들을 배제하고 종교단체들의 활동을 제한함으로써, 북한 내 종교의 존립 기반을 사실상 약화시키려는 것으로 보인다.

북한종교정책의 시기별 구분은 연구자의 주관과 가치관, 역사관 등에 따라 그 시점과 명칭에 다소 차이가 있다. 기존 북한의 종교정책과 관련된 연구를 토대로 북한의 종교정책을 크게 '종교자유 제한기', '종교자유 탄압기', '종교자유 말살기', '종교단체 이용기', '종교시설 운영기', '비공식 종교 활동 박해 강화기' 6단계로 나누었다.

본 장에서는 각 종교정책 시기마다 발생한 주요사건과 그 영향에 대해서 간략히 정리한 다음, 시기별 종교정책에 대해 구체적으로 살펴보도록 하겠다. 북한당국의 종교정책 변화에 따라 나타난 주요 사건과 영향은 〈표 3-5〉에 정리되어 있다.

〈표 3-5〉 종교정책 시기별 주요 사건

시기별 종교정책		
주요사건		영 향
1. 종교자유 제한기 (1945-1948)		
1945. 8. 15	해방 / 분단	·종교 활동 제한
1946. 3. 5	토지개혁	·종교단체 토지 몰수
1948.	중요산업 국유화	·종교단체 재산 몰수

2. 종교자유 탄압기 (1949-1953)	
1948. 9. 9 정권수립 1949. 5. 7 수도원 폐쇄 1950. 6. 25 한국전쟁	·반혁명요소 제거 ·덕원 수도원 폐쇄 ·종교탄압정책
3. 종교자유 말살기 (1954-1971)	
1958. 중앙당 집중지도사업 1967. 주민재등록사업	·상호 감시체계 강화로 종교 활동 폐지 ·종교인을 적대계층으로 분류
4. 종교단체 이용기 (1972-1987)	
1972. 남북적십자회담 1972. 7. 4 남북공동성명	·종교단체 재조직 ·신앙의 자유 헌법상 공포
5. 종교시설 운영기 (1988-1997)	
1988. 봉수교회 건립 1988. 김일성종합대학 종교학과 신설 1988. 9 장충성당 건립 1989. 칠골교회 건립	종교시설 건립을 통해 대외적으로 북한 내 종교자유가 보장되어 있는 것처럼 보이고자 함 종교를 순수 신앙 목적이 아닌 정치적 목적으로 활용
6. 비공식 종교 활동 박해 강화기 (1998-현재)	
1998. 북한주민의 대량탈북 중국 내 북한이탈주민 증가 1990년대 후반 남북한 종교교류 증가 2000년 이후 비공식 종교 활동 증가 2019년 이후 청년교양보장법 반동사상문화배격법	·중국 내 북한이탈주민의 자발적 북한귀환이나 강제북송으로 인해 비밀리에 종교 전파 남북한 종교교류(공식/비공식) 증가로 인해 비공식 종교 활동 지원 ·북한 비공식 종교 활동 및 종교박해 사건 지속적 증가 3대 악법으로 불리는 법률제정으로 종교를 포함한 모든 외부 정보를 철저히 차단하고, 이를 접하거나 유포, 전달할 경우 극형에 처하는 등 종교 활동 말살 수준의 박해 강화

1) 종교자유 제한기: 1945~1948년

1945년 8월 15일 해방 이후, 공산주의자들이 북한지역에서 구소련의 지원 하에 정권을 수립하고자 하였을 때 이를 반대한 민주·민족진영의 대다수 인사들은 종교인들이었다. 따라서 북한 공산주의자들은 사회주의 정권을 확립하기 위하여 민주·민족진영에 속한 이들의 신앙생활을 방해하고 교단의 분열을 획책(劃策)하였다.

해방 직후 북한교회는 정치 · 사회적으로 일정한 영향력을 가진 집단으로 평가되었으며, 새롭게 형성되는 북한 정권과 무관할 수 없는 위치에 있었다. 이로 인해 일부 교계 지도자들이 정당 결성에 참여하게 되었다. 기독교계에서 가장 먼저 결성된 정당은 조선민주당으로 1945년 8월 17일 조만식 장로와 오윤선 장로를 중심으로 출발하였다. 그러나 1946년 1월 초부터 신탁통치 문제를 둘러싸고 조만식을 중심으로 한 우파 민족주의자들과 공산주의자들 간의 갈등이 심화되었다. 이에 조만식은 연금되었고, 최용건이 당수로 선출되면서 조선민주당은 조선노동당의 우당(友黨)으로 전락하고 말았다.

한편 기독교사회민주당은 1945년 신의주 제일교회 윤하영 목사와 제일교회 한경직 목사를 중심으로 평북의 기독교인들과 함께 결성되었다. 그러나, 같은 해 11월 11일 용암포지부 결성대회에서 공산당원과의 충돌로 장로 한 사람이 피살되는 사건이 발생하였고, 이를 계기로 신의주학생시위가 촉발되었다. 소련 군정은 계엄령을 선포하여 시위를 강경 진압하였고 이 사건으로 사회민주당의 활동은 크게 위축되었다. 이 무렵, 윤하영 목사와 한경직 목사는 남하하게 되었다.

또한, 평양에서는 1945년 11월 김화식 목사를 중심으로 기독교자유당의 결성이 추진되었다. 그러나 1947년 11월 18일 교회 지도자들이 투옥되면서 장로교와 감리교 지도자들에 의해 추진된 두 차례의 기독자유당 결성 시도는 모두 좌절되고 말았다.[25]

---

25) 박성일, “해방 후 북한교회의 성격 변용에 관한 연구,” 장로회 신학대학교 대학원 석사학위 논문(2002.8), pp. 17-23.

한편 1946년 2월 8일에 북한지역에서는 김일성이 이끄는 조선로동당에 의해 북조선 임시인민위원회가 창설되었다. 그러나 북한정권은 정권의 기반이 확고하지 않았기 때문에 각계각층과 연계를 맺고 있던 종교인 세력을 탄압하는 것은 시기적으로 부적절하다고 판단하였다. 그리하여 우선 종교활동을 제한하는 정책의 일환으로 종교단체의 재산을 몰수하는 등 종교 활동의 경제적 기반을 붕괴시키는 작업에 착수하였다.

북한에서 1946년 3월 5일 「북조선 토지개혁에 대한 법령」이 발효되었고, 동년 3월 8일부터 3월 30일 사이에 토지개혁이 실시되었다. 북한당국은 '토지개혁'을 통해 종교단체가 소유한 토지 15,195정보를 무상으로 몰수하였다.[26] 한편 1946년 11월 선거 후 1947년 2월 공식 출범한 북조선인민위원회는 북한지역에 공산주의체제를 구축하는 데 중심적인 역할을 수행하면서, 종교단체에 대한 좀 더 적극적이고 전술적인 제한을 가하기 시작했다. 북조선인민위원회 명으로 1947년 12월 1일에 시행된 화폐개혁은 종교계에 재정적으로 큰 타격을 주었다. 새로운 경리규제 조치를 실시하여 종교단체의 현금보유를 금지하고 은행거래를 강요하면서 인출 시 사전승인을 받도록 하였다. 또한 교회, 성당, 사찰 등에서 신자들의 기증을 포함한 모든 금품의 출납을 금지함으로써 종교단체의 재원을 근원적으로 차단시켰다. 1948년에 단행된 '중요산업국유화정책'을 통해서는 종교인 또는 종교단체가 운영하던 기업의 재산 일체를 몰수하여 종교인들에 대한 억압을 본격화하였다.[27]

한편 1946년 11월 13일 북조선 임시인민위원회는 '미신타파 돌격기간'을 설정하고 11월 25일부터 30일까지 개인생활 및 가정생활에서의 투쟁과 함께 전국적인 운동으로 확산시켜 나갔으며, 12월 6일부터는 이를 '건국사상총동원운동'의 형태로 전개시켜 나갔다. 북한당국은 종교 자체를 비과학적인 미신으로 규정하였기 때문에 미신타파는 곧 모든 종교를 타파하는 것을 의미했다.[28] 이러한 운동을 계기로 본격적인 반 종교투쟁이 전개되었다.

---

26) 북한연구소, 『북한총람 1945-1982』 (서울: 북한연구소, 1983), p. 1228.
27) 박완신, 『평양에서 본 북한사회』 (서울: 도서출판답게, 2001), p. 185.

또한 북조선 임시인민위원회는 일정한 신자 수를 기준으로 신자 수가 적은 교회는 폐쇄하여 타 용도로 전환하였고,[29] 1946년 후반부터는 천주교와 기독교에 대해서 옥내 집회 및 의식마저 제한하는 조치를 취하기 시작하였다. 신자 자녀의 교회 출석을 억제하기 위하여 일요일을 노동일로, 월요일을 휴일로 포고하였으며, 찬송가 소리가 시끄러워 주민생활에 지장이 있다는 핑계를 들어 교회를 다른 장소로 옮기도록 압력을 가하기도 하였다. 또한, 당원을 교회에 투입하여 설교가 반동적이라고 트집을 잡는 등 집회를 공공연히 방해하였다. 1947년 6월 중순에는 오후 6시 이후 통행금지령을 포고하여 저녁예배 참석을 불가능하게 만들었다.[30] 또한 성직자들을 지주계급으로 몰거나 여타 죄과를 조작하여 괴롭혔다. 당시 북조선인민위원회가 기독교 세력을 탄압한 이유는 두 가지였다. 첫째, 마르크스-레닌주의에 기반을 두고 있어 종교에 대한 부정적인 입장을 가지고 있었고, 둘째, 단순히 반공 사상을 지지하는 데 그치지 않고, 실제 실천적 이유로서 기독교가 적극적으로 반공 활동을 펼쳤기 때문이었다.[31] 이러한 북조선인민위원회의 종교탄압으로 인해 많은 기독교 인사들은 공산주의 이데올로기와 기독교 신앙이 함께 할 수 없음을 인식하고 남한으로 피신하였다.[32]

불교의 경우, 사찰을 문화재로 보존한다는 명목 하에 승려를 문화재 관리요원으로 규정하고, 시주와 삭발도 일체 금지시켰다.[33]

---

28) 하종필, 『남북한종교통합 방안』 (서울: 선인, 2005), p. 61.

29) 고태우, 『북한의 종교정책』 (서울: 민족문화사, 1988), p. 185.

30) 위의 책, p. 401.

31) 대표적인 반공운동으로는 평북지방의 기독교인들이 중심이 된 용암포사건, 평양 장대현교회 사건이 있었고, 천도교인들이 중심이 된 문천 선거사건, 삼수 반공지하조직 사건, 3·1재현운동 그리고 함경·강원도 지방의 반공투쟁 등이 있었다. 앞의 책 (1983), p. 1228-1233.

32) 한경직 목사와 윤하영 목사는 1945년 10월 남하하였다. 김수진, 『아름다운 빈손 한경직』 (서울: 홍성사, 2000), p. 52; 평양노회 총회장 이인식 목사와 이승길 목사 그리고 장대재교회 담임 김윤찬 목사도 남하하였다. 박용규, 『평양노회사』 (서울: 푸른초장, 1990), p. 313.

33) 북한연구소, 앞의 책 (1983), p. 1229.

2) 종교자유 탄압기: 1949~1953년

1948년 9월 9일에 북한에 '조선민주주의인민공화국' 정권이 들어서고, 같은 해 12월까지 소련군이 철수함에 따라 북위 38도선 이북의 사회는 본격적으로 인민민주주의 혁명을 강화·발전시키는 단계로 접어들었다. 이에 따라 혁명의 장애물이 될 수 있는 내부적 불만세력과 반동세력을 사전에 제압하는 조치를 강구하게 되었다. 북한정권은 사회주의 혁명 역량 강화를 위해 통일전선을 심화시키고, 반혁명 요소에 대한 투쟁과 함께 반종교 의식을 널리 고양시키는 데에 역점을 두었다.[34)]

6·25 전쟁 전에는 전쟁 준비를 위해 내부 결속을 강화하는 조치를 시행했다. 전쟁 준비를 위한 후방 공고화가 진행되는 가운데 특히, 1949년부터는 종교의식을 제한하고 반체제 성향의 목사와 신자들을 체포하는 등 종교탄압의 수위를 높였다. 북한당국은 종교자유의 제한을 넘어 본격적인 종교탄압에 착수하였으며, 불순분자 색출을 위한 예비검거령을 통해, 반공·반정부 성향으로 분류된 기독교 신자들을 평안북도와 함경도의 산악지대로 강제 이주시킨 것으로 전해진다. 이런 조치들은 전쟁이라는 긴박한 상황 속에서 내부의 적대적 요소들을 제거하려는 목적으로 이루어진 것으로 보인다.[35)]

이러한 종교 탄압은 천주교에도 예외 없이 적용되었다. 북한 최대의 천주교 수도원인 덕원 성 베네딕도 수도원은 독자적인 경제 활동과 선교활동으로 두드러진 역할을 수행하였다. 수도원은 소유지에서 곡식과 원료를 재배하여 식량을 자급자족했으며, 인근 지역뿐 아니라 고원 지역까지 선교활동을 활발히 전개하였다. 또한 남한 천주교와의 연계를 유지하며 종교활동을 지속하였다. 그러나 이러한 활동은 북한당국에 의해 체제에 위협이 되는 요소로 간주되었고, 북한 정치보위부는 수도원의 몰수를 계획하며 본격적인 탄압을 가하였다. 1949년 5월 7일 덕원 성 베네딕도 수도원 교구장과 수

34) 남궁경, "북한의 종교정책과 장충성당의 건립," 가톨릭대학교 대학원 석사논문 (2001), p. 21.

35) 김흥수, 류대영, 『북한종교의 새로운 이해』 (서울: 다산글방, 2002), p. 84.

도원장이 북한당국에 연행되면서 그날로 수도원이 폐쇄되었다. 북한당국은 성 베네딕도 수도원의 성직자를 체포하고, 수사들을 모두 내쫓은 다음 수도원과 신학교를 몰수하였다. 북한당국은 수도원과 신학교를 점거한 후 수도원의 성물은 하나도 남김없이 모두 파괴하였다. 특히 십자가나 석고상 등을 산산이 깨뜨려 버렸고 성경을 휴지로 사용하거나 불살라 버렸다. 게다가 덕원 성 베네딕도 수도원을 학교 건물로 전환하여 사용하게 했다.[36] 또한 1950년 3월까지 장로교의 평양 신학교와 감리교의 성화신학교를 강제 통합하여 '기독교신학교'로 개칭하고, 800명의 신학생을 120명으로 축소시키기도 하였다.[37] 이 신학교는 1950년 7월 5일 졸업식을 가진 후 폐쇄 상태에 있다가 1972년 '평양신학원'이란 이름으로 신학교육을 재개하였다.

1950년 3월 3일 채택된 「조선민주주의인민공화국」 형법 제21장 관리질서 침해에 관한 죄 제257조에는 "종교단체에 기부를 강요하는 자는 2년 이하의 징역에 처한다."고 규정하여 종교의 재정적 기반을 박탈하였고, 제258조에는 "종교단체에서 행정적 행위를 한 자는 1년 이하의 교화노동에 처한다."고 규정함으로써 사실상 종교행사를 금지하였다. 이러한 법률적 조항들을 근거로 종교단체와 조직원들의 활동을 금하였고, 위반 시 인신구속과 교화노동으로 처벌하였다.[38]

1950년 한국전쟁은 1940년대의 토지개혁과 함께 북한종교를 변화시키는 가장 대표적인 정치적 사건이었다. 북한당국은 단독정부 수립과 동시에 전쟁 준비에 집중하기 위해서 매우 과격한 종교 탄압 일변도의 정책을 폈다. 전쟁 발발 후, 북한당국은 다수의 교직자를 체포하였으며, 1950년 9월 28일 유엔군의 인천상륙작전으로 인해 서울이 수복되기 직전에는 '교직자를 모두 처형하라'는 지령을 하달한 것으로 알려졌다. 이에 따라 50여 명의 신부와 60여 명의 목사를 납치하여 서울 근교에서 총살시켰다. 또한 종교적 영향력이 강한 곳이었던 황해도 신천 지역에서 자행한 종교인 집단학살사건

36) 박완신, 『북한종교와 선교통일론』 (서울: 지구문화사, 1996), pp. 136-137.
37) 김인수, 『한국 기독교회의 역사』 (서울: 장로회 신학대학교 출판부, 1997), p. 567.
38) 하종필, 앞의 책, p. 63.

은 그 유례를 찾기 힘들 정도의 만행이었다.[39] 북한 인민군에 연행되었던 사람들의 대다수가 종교와 연관된 사람들이었다. 한편 압록강까지 진격했던 유엔군이 중공군의 개입으로 철수하는 과정에서 같은 해 12월 함경남도 흥남을 통해 약 4만 여 명의 기독교인들이 미군의 호송하에 남한으로 피난하는 기록적인 월남의 행렬이 일어났다.[40] 전쟁이 끝난 이후 북한의 교회는 한마디로 폐허로 변했다. 20여 명의 목사와 5만 명 이하의 신자가 남아 있었으나, 교회 건물은 모두 파괴되었고, 반기독교적인 사회 분위기가 형성되었다.[41]

천주교의 상황도 기독교와 유사했다. 해방 후 6.25 전쟁을 전후한 전쟁기간 중 체포 혹은 학살된 내·외국인 신부, 수녀, 신학생 등의 수는 남북한 합쳐 모두 150명에 달했는데 그 중 96명은 북한교구 소속이었다.[42]

천도교의 경우, 1948년 조직된 영우회(靈友會)라는 반공지하조직이 평안남북도 · 황해도 · 강원도 일부 지역에서 활동하고 있었다. 이 조직은 사전에 탐지되어 북한당국에 의해 1950년 5월 11일을 전후하여 일제히 검거되었다. 결국, 165명 중 선별된 이세정 등 4명은 바로 처형하고 나머지도 북한 인민군 후퇴 당시 모두 처형하였다.[43] 휴전을 전후하여 북한당국은 종교를 완전히 제거하기 위하여 종교인과의 연고만 있어도 처벌하였다. 종교인 출신은 반동분자로 몰려 일반 공직에 취임할 수 없었고 여행, 진학, 장학금 수여 등에서도 제외되었다. 종교의식은 모두 금지되었을 뿐만 아니라 십자가상, 불상, 성모상 등의 상징물들은 철거되었고, 종교시설물은 탁아소나 창고 등으로 사용되거나 문화재로 지정되어 관광 및 휴양소로 활용되었다.[44]

이러한 북한당국의 철저한 종교 탄압으로 인해 북한 내 종교단체와 종교활동은 자취를 감추게 되었다.

---

39) 북한연구소, 앞의 책 (1983), pp. 1233-1234.
40) 박완, 『실록 한국 기독교 100년』 (서울: 선문출판사, 1971), pp. 153-174.
41) 북한교회사 집필위원회, 『북한교회사』 (서울: 한국기독교역사연구소, 1999), p. 422.
42) 북한연구소, 앞의 책 (1983), p. 1234.
43) 위의 책, p. 1234.
44) 하종필, 앞의 책, p. 64.

3) 종교자유 말살기: 1954~1971년

한국전쟁 이후 북한당국에 의한 집중적인 종교 말살정책으로 인해 북한 지역에서 종교단체들은 완전히 해체되었고, 자율적인 종교 행위나 집단적인 저항은 불가능하게 되었다. 이러한 종교 말살정책은 시기별로 크게 두 단계로 나눌 수 있다.

첫 번째 단계는 1958년부터 1960년 사이에 실시된 '**중앙당 집중지도사업**'이었다. 한국전쟁 이후 생산 관계의 사회주의적 개조와 노동당 내 권력 투쟁을 어느 정도 마무리한 북한 지도층은 5개년 경제계획을 한창 추진하던 1958년 4월 사법·검찰 일꾼회의에서 분단된 상황에서 적아(敵我)를 옳게 구분하는 것이 중요하다면서 적대분자를 철저히 가려내야 한다고 강조했다. 또한, 사회주의 사회의 경제적 기초를 다지기 위한 노력으로 주민들을 광범하게 동원해야 할 필요성에 직면하여, 전 인민을 사상적으로 일원화하기 위해 주체사상을 제기하기 시작했다.

1958년 5월 30일 당 상임위원회는 "반혁명분자와의 투쟁을 전당적, 전인민적 운동으로 전개할 데 대하여"라는 결정서(내각결정 제149호, 일명 5·30결정)를 채택하여 '중앙당집중지도사업'을 2년에 걸쳐 실시했다. 특히, 한국전쟁 때 국군과 유엔군에 협조했거나 월남한 가족이 있는 자, 농업 협동화와 개인 상공업 국유화(1954년 4월-58년 8월)조치에 저항한 인사, 56년 8월 종파사건 이후 연안파와 소련파 잔당과 연계된 자에 대한 대대적인 색출 작업이 진행되었다. 이러한 작업의 주목적은 북한 주민들을 사회주의·집단주의 원칙에 순응시키는 데 있었다. 이를 위해 주민의 성분을 '믿을 수 있는 층'과 '믿을 수 없는 층'으로 구분하고, 이를 다시 김일성을 절대적으로 지지할 핵심계층과 유사시의 동요계층, 적대세력으로 전환이 가능한 계층 등으로 세분화하여 철저하게 감시하고 통제하였다. 적대계층은 오늘날 '복잡한 군중'이라는 이름으로 여전히 집중적인 통제의 대상이 되고 있다. 뿐만 아니라, 북한 사회 전체가 집단 농장과 집단 노동체계로 조밀하게 엮어져서 더 이상 감시를 벗어나 종교 생활을 할 수 없게 되었다.[45] 이 과정에서 월남자 가족, 종교인과 그 가족들, 지주 출신 등 수많은 사람들이 '불순분자'로 낙인찍혀 양강도 5호 농장과 아오지 탄광 등으로 추방되었다. 북한 각지에 'OO호 관리소'라는 정치범수용소가 생긴 것도 이 무렵이다.[46]

김일성은 1962년 사회안전성에서 행한 연설에서 종교를 철저히 말살할 것을 지시하였다고 회고하였다.

> "우리는 종교인들을 데리고 공산주의 사회로 갈 수 없습니다. 그래서 우리는 기독교, 천주교에서 집사 이상의 간부들을 모두 재판해서 처단해 버렸고 그 밖의 일부 종교인들 중에서도 악질들은 모두 재판하였습니다. 그리고 일반 종교인들은 본인이 개심하면 일을 시키고 개심하지 않으면 수용소에 가두었습니다."[47]

이 시기에는 적대분자를 색출하기 위한 주민들의 성분조사와 함께 사상 검열과 교육을 대폭 강화하였다. 이때 성분조사라는 맥락에서 종교인들은 잠재적인 반혁명분자로 지목되어 일상적인 감시하에 놓이게 되었고, 사상교육의 강화라는 맥락에서 반종교선전의 대상이 되었다. 사상 의식 개조작업의 일환으로 행해진 반종교선전은 대략 다음의 세 가지 영역에서 추진되었다. ① 종교가 발전할 수 있는 사회적 기반을 제거하였다. 이는 사회주의 체제 하에서 생산 구조를 바꾸어 착취 계급을 없앴기 때문에, 종교가 발전할 수 있는 조건이 사라졌다고 판단하였다. ② 꾸준한 설득과 교양, 계몽 그리고 사회주의적인 활동에 참여하도록 유도하는 것이었다. 북한 사회에서 일반적인 지식수준을 제고하고 신문, 서적, 영화, 연극, 강연 등 다양한 방법으로 종교의 반동성과 비과학성을 폭로하며, 종교인들로 하여금 '사회주의 건설'을 위한 실천적인 투쟁에 적극적으로 참여하도록 유도함으로써 종

---

45) 당시에 적대계층 주민들을 감시하고 통제하기 위하여 5호담당제를 실시하였다. 이는 정치적 통제와 경제적 동원을 목적으로 조직되었는데, 주민들의 일상생활의 세밀한 부분까지 통제할 수 있었다. 이러한 감시체제하에서 종교생활을 하는 것은 거의 불가능했다. 북한연구소, 앞의 책 (1983), p. 906.

46) 하종필, 앞의 책, pp. 65-66.

47) 고태우, 앞의 책, p. 79.

교의 내적 모순을 스스로 깨닫도록 한다는 것이다. 북한의 반 종교선전을 위한 대표적인 출판물로는 『우리는 왜 종교를 반대하는가』(1956), 『인민의 아편』(1959) 등이 있으며, 영상물로는 《최학신의 일가》(1966)와 《성황당》(1969) 등이 있다. ③ 한국으로부터의 사상적인 침투를 차단하고, 사회주의 건설에 반대하는 일부 종교인들에 대한 제재와 투쟁을 엄격하게 진행하는 것이었다. 여기서 ①번과 ③번은 기존에 이미 실천하던 것이었고, 이 시기에 본격화된 반종교 투쟁의 특징은 ②번에 집중되었다.[48] 그러나 북한 정권과 제도를 반대하는 이른바 '악질 종교인들'에 대해서는 그 반혁명적 행위를 바로 적발하여 처단할 것을 강조하였다.

두 번째 종교 말살 작업은 1966년부터 1971년 사이에 실시된 **'주민재등록사업'**과 **'3계층 51개 부류'** 분류작업이었다. 1964년 2월 북한당국은 당 제4기 8차 전원회의에서 「각계각층 군중과의 사업 강화」를 결정하였고, 「주민 계급정책의 효율화를 추진하기 위한 각계각층 군중과의 사업개요」라는 지침을 하달함으로써, 전 주민을 기본군중과 복잡군중으로 재분류하는 주민성분 세분화 작업을 전개했다. 이 같은 주민성분 세분화 작업은 당원에 대해서는 당원실태조사사업를 통해, 일반 주민에 대해서는 주민재등록사업을 통해 이루어졌으며, 이 작업은 68년까지 추진되었다.[49]

'주민재등록사업'은 중앙당의 지도 아래 사회안전성이 중심이 돼 추진한 '중앙당 집중 지도사업'의 조사 자료를 근거로 전면적인 성분 재조사를 실시한 것이었다. '3계층 51개 부류' 분류작업은 중국의 인사당안(人事档案)[50]을 모방한 것으로 종교인에게도 등급번호를 부여했다. 북한의 전 주민을 핵심계층(핵심군중), 동요계층(기본군중), 적대계층(복잡군중)의 3계층 51개 부류로 나누었다. 특히 기독교인에게는 37번, 불교인에게는 38번, 천주

48) 하종필, 앞의 책, p. 65.
49) 위의 책, p. 69.
50) 중국에서는 "호적" 이외에 국가가 국민을 관리하기 위한 목적으로 "당안법" 및 "당안법 실시방법"에 의거 전 중국인의 개인별 "인사당안"을 기록으로 보관하고 있다. 개인의 가정성분(가정의 정치적 배경), 출신계급, 학교성적, 공산당 경력, 직장 경력, 결혼, 언동, 범죄 경력 등 모든 개인정보를 포함하고 있다.

교인에게는 39번의 등급번호를 부여하였고, 적대계층으로 분류하였다. 이에 따라 종교인들에 대한 감시와 처벌이 강화되었다.[51]

하지만 이러한 북한당국의 집중적인 감시하에서도 기독교인들이 비공식적으로 지하에서 예배를 보다가 발각되어 처형된 사건들이 있었다. 1957년 8월 황해도 용천의 이만화 목사의 지하교회조직 탄로 사건, 1959년 박천 여교사의 찬송가 사건, 1960년 평북 운산의 태극기 게양 사건 등은 이 시기에 북한의 교회가 비록 공개적인 신앙 표현은 할 수 없었지만 잠복상태에서 꿋꿋이 신앙을 유지하려 애를 쓰고 있었음을 알 수 있다.[52] 그러나 1958년의 '중앙당 집중지도사업'과 1967년의 '주민재등록사업'에 따라 신앙집단으로서의 종교와 그 신앙집단의 성원으로서의 종교인들이 사라지게 되었다.[53] 김일성 역시 종교 없는 나라를 만드는 데 있어 이 두 가지 사업이 중요한 역할을 했음을 언급하였으며, 1971년 당시 일본 도쿄 도지사 미노베 료키치와의 회담에서 북한에는 종교가 없다는 점을 시인하기도 하였다.[54]

주민재등록사업의 결과 종교인과 그 가족들을 포함하는 적대계층의 수는 10만 가구 45만 명으로 집계되었다. 이들은 언제든지 김일성 정권을 반대해 나설 수 있는 위험분자들로 분류되었다.[55] 이 기간에 불교의 경우 400여 사찰 가운데 60여 개의 사찰을 제외하고는 모두 사라졌으며, 1,600여 명의 승려와 3만 5천 명의 신도가 사라졌다. 기독교의 경우 1,500여 개의 교회와 30만 명의 신도가 사라졌으며 천주교의 경우 3개 교구와 5만여 명의 신도가 사라졌다. 천도교의 경우도 12만여 명의 신도가 자취를 감추었다. 또한 1970년도 초중반에 비밀리에 기독교인들이 처형된 것이 북한이탈주민들을 통하여 확인되었다.[56] 북한의 공식 통계는 북한 정권 창건 직전

51) 하종필, 앞의 책, p. 69.
52) 박성일, 앞의 논문, p. 43.
53) 1950년대 후반부터 본격화된 반 종교선전으로 인해 기독교는 더욱 위축되었다. 한국전쟁을 치르면서 줄어들었던 기독교인의 숫자는 1960년대에 이르러는 1-2만 명 수준으로 감소하였을 것이다. 북한교회사 집필위원회, 앞의 책, p. 433.
54) 북한연구소, 앞의 책 (1983), p. 395.
55) 북한연구소, 『북한총람 1994-2002』 (서울: 북한연구소, 2003), p. 765.

북한의 종교인은 약 200여만 명이었으며 이중 천도교인이 150만 명, 기독교인 20만 명, 천주교가 5만 7천 명 등 이었다고 밝혔다.[57]

이와 같이 철저한 종교 말살정책으로 인해 1970년대 초에는 북한에서 종교가 완전히 사라지게 된다. 북한 주민들 사이에서 종교행사나 종교의식 등 일체의 구체적인 종교 활동은 자취를 감추게 되었다. 이와 같이 종교 활동을 완전히 말살하였음에도 불구하고 종교단체만은 형식상 대외관계를 의식하여 1960년대 초까지는 존속시키면서 정치적 필요성에 따라 이용하여 왔다. 그러다가 1966년 이후 1971년까지는 활용 가치가 없어지자 일체의 종교단체가 잠적하는 양상을 보였다.[58]

한편, 이 시기에 김일성은 1956년 '8월 종파사건'을 계기로 '반종파투쟁'을 벌여 모든 반대 파벌들을 숙청하고, 1961년 9월 조선로동당 제4차 대회를 거쳐 '단일지도체계'의 기반을 확립하였다. 또한 1967년 5월에 개최된 조선로동당 제4기 제15차 전원회의를 계기로 권력구조 내부에서 대대적인 숙청이 일어났으며, 이를 계기로 김일성 중심의 '유일지도체계'가 형성되었다. 즉 1967년 이후에는 북한의 지도 사상, 보편적인 원리라는 면에서 전일적인 체계로서의 주체사상이 마르크스-레닌주의를 대체하게 되었다는 것이다.[59] 이로써 북한에서 김일성 우상화 정책은 가속화되었다.

4) 종교단체 이용기: 1972~1987년

1960년대에 사회주의 기반을 어느 정도 구축하는 데 성공하였다고 판단한 북한의 지도층은 1972년 남북적십자회담과 7 · 4공동성명을 발표한 이후 12월 27일 '조선민주주의인민공화국 사회주의헌법'(신헌법) 제4장 공민의 기본 권리와 의무 제54조에서 "신앙의 자유와 반종교선전의 자유를 가

56) 송봉선, 『북한은 왜 멸망하지 않는가』 (서울: 학문사, 2007), pp. 138-139.
57) 조선중앙통신사, 『조선중앙년감 1950』 (평양: 조선중앙통신사, 1950), p. 365.
58) 북한연구소, 앞의 책 (1983), p. 1235.
59) 백학순, 『북한 권력의 역사 : 사상·정체성·구조』 (서울: 한울, 2010), p. 604.

진다."라고 명문화했다. 반종교선전이 종전과는 달리 행정적 제재를 동반하는 빈도가 크게 줄어든 반면 계몽과 설득의 방식이 선호되었기 때문에 반종교선전은 주로 영화·연극 등을 통해 이루어졌다. 이 시기에는 반종교선전의 파고가 상당히 줄어든 반면 종교인들과의 통일전선적 협조 관계를 구축하려는 노력이 크게 강화되었다. 이러한 정책의 전환은 한국의 유신체제로 인해 1970년대부터 한국의 정치적 불안정성이 증폭되자, 남한 체제를 공격할 수 있는 창구로 종교단체들을 적극적으로 활용하려고 했던 것에 기인하였다.[60] 또한 이 시기에는 재일교포 북송 및 대외 경제교류의 필요성 등으로 인해 문호를 개방하는 것이 불가피했다. 이러한 대내외적인 상황의 변화를 활용하기 위해 북한당국은 '조선기독교연맹 중앙위원회(1974)', '조선불교도연맹 중앙위원회(1972)'와 '조선천도교 중앙위원회(1974)' 등 세 개의 종교단체를 다시 조직하였다. 종교단체를 정치적으로 활용하고자 하는 북한당국의 이러한 의지는 1975년 종교에 관한 김일성의 비밀교시를 통해서도 확인할 수 있다.

> "우리는 종교를 반대하면서도 왜 중앙에 종교단체를 조직해 놓고 있는가 하는 이야기들이 많습니다. 우리는 아직 조국을 통일시키지 못하고 있습니다. 국제적으로 많은 종교인들이 있으므로 우리가 종교를 인정하지 않는다고 하면 우리를 반대하는 적이 많아질 것입니다. 우리나라를 방문하는 많은 외국인들과 재일동포들은 우리에게 왜 종교를 못 믿게 하는가 라고 묻습니다. 그래서 우리는 종교를 허용하지만, 인민들이 각성되어 믿지 않는다고 말하고 있습니다. 우리 조국 남반부에 수많은 종교인들이 살고 있는데 우리가 종교인들을 다 죽인다고 생각하면 그들도 우리를 반대하는데 합세할 것이 아닙니까? 그래서 우리도 불필요한 중앙 종교조직을 만들고 있는 것입니다."[61]

---

60) 최명 외, 『북한개론』 (서울: 을유문화사, 1990), pp. 518-519; 김병로, 『북한종교정책의 변화와 종교실태』 (서울: 통일연구원, 2002), p. 22.

61) 이민복 전 북한과학원 연구원은 1975년 김일성이 대남공작부서에서 행한 대남비밀교시에 대해 증언하였다. 월간 『북한』, 2001년 12월호, p. 125; 박완신, 『북한종교와 선교통일론』 (서울: 지구문화사, 1996), p. 160.

북한당국은 1970년대의 경험과 관계를 통해서 1980년대부터는 남북 종교교류에 적극적으로 나서게 되었다. 북한에서 종교 활동이라고 할 수 있는 징후를 보이기 시작한 것은 1980년대로서 그 계기는 해외 교포 종교인들의 빈번한 방북의 영향이었다. 북한당국은 이 시기에 교포 종교인들을 적극적으로 초청하여 종교인 회담을 갖는 동시에 해외에서 남한을 반대하는 종교인 집회를 갖는 등 통일전선전략에 치중하였다. 이러한 맥락에서 북한당국은 『조선천주교인협회』, 『조선종교인협의회』 등 종교단체를 신설하였고, 사찰을 복원하고 법회를 개최하였으며, 성당 · 교회의 건립과 예배와 같은 행위들을 시행했다. 또한, 1983년 신약전서와 찬송가를 출간하고 다음 해인 1984년에는 구약성서를 발간하기도 하였다.

종교단체들은 포교 활동보다는 '조국통일민주주의전선'이라는 노동당의 외곽단체에 가입되어 노동당의 통제를 받으면서 남한의 종교계를 의식한 선전 활동이나 노동당의 정책을 지지하는 대내외 성명서 채택, 국제적인 종교단체들과의 연대를 위한 활동에 치중하였다.[62] 이처럼 대외적으로는 북한에도 신앙의 자유가 있는 것처럼 선전했지만, 내부적으로는 종교 말살정책을 지속했다.

한편 이 시기 북한의 종교단체들은 당의 정치적인 목적을 달성하기 위해 각종 국제 종교회의에 참석하여 대남 비방 활동을 강화하였다. 1974년에는 「세계교회협의회(WCC, World Council of Churches)」 가입을 기도하였고, 동년 11월 인도 뉴델리에서 개최된 「아시아 불교도 평화회의」에 조총련 불교도 대표와 참석하여 한국 내의 현실을 왜곡하고 비난하는 성명을 발표했다. 1975년 1월에는 인도의 콧따얌에서 개최된 「아시아 기독교 평화회의(Asian Christian Peace Conference, ACPC)」[63]에 김성률 조선기독

62) 하종필, 앞의 책, pp. 71-72.

63) 동 회의는 1957년 체코의 프라하에서 창설된 이후 3-4년마다 총회를 개최하는 좌익국제종교단체로서 소련의 재정지원 하에 순수 종교 활동과는 무관하게 정치적인 선전을 해온 단체다. 여기에는 아시아지역 각국과 동구제국에서 참가했으며, 참가자들은 국가 대표라기보다는 좌익 기독교 인사들로서 「아시아 불교도 평화회의」와 같이 소련이 대미공격을 위해 활동하였다. 북한연구소, 앞의 책 (1983), pp. 1238-1241.

교연맹 중앙위원회 부위원장 등을 파견하여 한국에 대한 비난 여론을 국제화시키기에 주력하였다. 1976년 7월에는 동경에서 개최된 제4차 「아시아 불교도 평화회의(Asian Buddhist Peace Conference, ABPC)」에 조총련 대표를 참가시켜 정식 가입국이 되었으며, 「한반도에 관한 특별 결의문」을 채택하여 한국을 비난하였다. 1976년 11월 체코에서 개최된 「기독교 평화회의 정치 · 경제토론회」에 김성률 등이 참가하여 「조선에 관한 결의문과 성명」을 채택하게 하고 한국을 비방하였다. 1981년 11월에는 오스트리아 빈에서 개최된 해외 반한단체인 「조국통일 해외기독자회」를 앞세워 「고려연방제 통일방안」을 지지하는 공동성명을 발표하기도 하였다.

정치적으로 보면, 이 시기에 사회 운영원리로서의 주체사상은 '지배 권력의 통치담론'인 김일성주의로 변질되어 갔다. 이는 나중에 혁명적 수령관, '김일성주의'로서의 주체사상, 후계자론, 사회정치적 생명체론 등 새로운 지도이론과 사회 운영원리가 채택되었다. 이 시기의 북한 사회는 기계적 집단주의와 개인숭배의 특성을 갖게 되는데 이러한 변화에 김정일의 등장이 커다란 촉진변수로 작용하였다. 김정일은 개인숭배의 제도화와 유일사상체계의 확립, 주체사상의 '김일성주의로의 보편화' 시도, 혁명적 수령관의 확립, 후계자론과 사회정치적 생명체론 등을 성공적으로 정착시켰다. 이러한 김정일의 적극적인 역할을 통해 북한은 단일지도체계로부터 유일사상체계와 수령제로 전환되어갔고, 수령의 절대화, 유일화, 신격화가 강력하게 추진되었다.[64] 이러한 북한의 정치적·사회적 상황 하에서 종교의 자유는 발붙일 공간을 발견할 수 없었다.

64) 백학순, 앞의 책, pp. 604-605; 이 시기 북한에서 종교가 사라진 것과는 달리 북한당국은 김일성을 신격화하고, 김일성의 노작을 성서화하여 김일성주의 학습을 의식화 · 의무화하고, 김일성의 연고지를 성역화하여 북한주민들이 순례하도록 만들었다. 즉 북한에서 김일성은 절대신(絶對神)으로 변모하였다. 북한연구소, 앞의 책(1983), pp. 1240-1241.

5) 종교시설 운영기: 1988~1997년

1980년대 중반 이후 북한에서의 종교정책은 당시의 정치·경제적 상황과 연계되어 있다. 당시는 대외적으로는 동구 사회주의권의 붕괴가 가시화되면서 냉전의 분위기가 걷히기 시작하였고, 대내적으로는 당면한 경제난의 극복을 위한 노력이 필요한 시점이었다. 대내적으로 정치체제는 견고하였지만, 대외적 변화에도 적응해야 하고, 경제난과 외화난을 자체적으로 해결하기에는 역부족이었다. 대외자본의 유치가 불가피한 가운데 무엇보다도 국가 이미지를 개선할 필요성이 제기되었다.

이러한 상황에서 종교 문제가 부각되었다. 이에 1986년 김정일이 종교에 긍정적 인식을 표출하기 시작하였다. 김정일은 김일성의 교시를 바탕으로 종교에 긍정적 요소가 존재한다는 논리를 내세웠다.

> "수령님께서는 종교를 악용하는 반동적 지배계급과 제국주의자들의 책동을 배격하시었지만, 종교와 신자를 배척하신 일이 없습니다. 종교에는 나쁜 점만 있는 것이 아니라 좋은 점도 있습니다. 종교에서 사람들이 서로 사랑하면서 평화롭게 살라고 주장하는 것은 좋은 점이라고 볼 수 있습니다."[65]

이러한 종교에 대한 인식은 1990년대에 들어와서도 그대로 나타나고 있다. 1991년 8월 김일성은 조국평화통일위원회 책임일꾼들과의 담화에서 종교에 대한 긍정적 입장과 대외적인 종교교류 의사를 표명하였다.

> "종교에 대한 올바른 리해를 가지고 종교를 믿는 사람들과의 사업을 잘하는 것은 매우 중요합니다. 사람들이 종교를 믿게 되는 것은 대체로 현실 생활에서의 고통과 불행을 숙명적인 것으로 받아들이고 래세에

65) 김정일, "주체사상의 기본에 대하여," p. 189; 박승덕, "기독교에 대하는 주체 사상의 새로운 관점," 박승덕, 『기독교와 주체사상』 (서울: 신앙과 지성사, 1993), p. 81에서 재인용.

가서라도 행복한 삶을 누려보고자는 념원에서 출발한 것입니다. 그러므로 종교를 믿는 사람을 나쁘다고 할 수 없습니다. 나쁜 것은.... 종교를 악용하는 반동통치배들입니다."[66]

물론 이러한 김일성의 발언 이면에는 통일전선전술의 차원에서 나온 것이지만 북한의 절대적 지도자인 김일성·김정일의 종교에 대한 인식변화는 1990년대 남북한 종교교류에 긍정적으로 작용하였다.

또한, 이 시기에 법적인 측면에서도 획기적인 변화가 있었다. 1992년 헌법과 1998년 헌법은 각각 제5장 제68조에서 "종교건물을 짓거나 종교의식 같은 것을 허용한다는 것으로까지 보장된다. (누구든지) 종교를 외세를 끌어들이거나 국가사회질서를 해치는데 리용할 수 없다"라고 규정하고 있다. 1972년 헌법의 반종교선전의 자유를 삭제하고 종교 활동을 할 수 있는 권리를 포함시키고 있다. 단지 1992년 헌법에 비해 1998년 헌법에서는 "누구든지"라는 단어를 삭제하였다. 이런 점에서 본다면 이 시기의 북한의 종교정책이 형식적으로나마 과거에 비해 긍정적으로 변화한 것으로 볼 수 있다.[67]

그러나 이러한 북한당국의 종교에 대한 정책적 변화를 종교에 대한 근본적인 인식의 변화와 동일시하기는 어렵다. 오히려 종교를 통한 북한 체제의 생존전략이 내포되어 있다고 보아야 할 것이다. 북한의 종교단체가 인도적 지원을 계속적으로 요청한다거나, 종교인들과의 만남에서 한국에 대한 정치적 선전이나 발언들을 쏟아내는 것이 이를 증명하는 것이다. 즉, 북한종교정책의 변화에는 대남 및 통일전선전략에 종교인들을 활용하려는 의도, 해외 종교인들과의 교류·협력을 통해 북한에 대한 국제적 이미지를 개선하려는 의도, 종교단체의 지원을 통한 식량 확보, 그리고 형식적인 종교 활동의 허용이 북한 체제에 위협이 될 수 없다는 자신감 등이 복합적으로 작용한

66) 김일성, "우리 민족의 대단결을 이룩하자," 『조선중앙년감』 (조선중앙통신사, 1992), p. 49.
67) 문장순, 『북한종교의 이해』 (서울: 도서출판 대명, 2007), pp. 102-104.

것으로 판단할 수 있다.[68]

한편, 북한의 기독교는 1988년 교회 건립이라는 역사적인 경험을 하였다. 국가의 토지 증여와 무이자 대부 및 신자들의 헌금 등으로 1988년에 봉수교회, 1989년 칠골교회가 국가의 지원 하에 건립되었다.[69] 봉수교회와 칠골교회는 종교적 이유보다 서구사회의 요구 및 외국인 방문자들을 위한 배려라는 정치적·정책적 차원에서 건립되었다.[70] 비록 외적인 요구와 필요에 의한 것이기는 하지만 국가의 지원으로 교회를 건립했다는 것은 북한사회 전체가 외부의 영향을 받으며 변화를 요구받는 시점에서 종교 분야도 예외일 수 없다는 것을 의미한다. 북한 정권이 전쟁 중 파괴된 교회를 비롯한 종교단체의 건물을 그동안 복구조차 하지 않았다는 점을 감안할 때, 이 시기 교회 건립은 전쟁 후 최초의 종교시설 복원이라는 점에서 매우 중요한 의미를 지닌다. 한편 1989년에는 김정일의 지시와 노동당 중앙위원회의 결정에 따라 김일성 종합대학내에 종교학과를 신설하였다.

1988년은 북한의 천주교에도 역사적인 분기점이었다. 1988년 6월 「조선천주교인협회」의 발족으로 천주교인만을 위한 중앙종교조직이 탄생하게 되면서 북한 천주교인들의 구심점 역할을 하게 되었다. 협회 결성 직후 1988년 9월 평양에 장충성당을 건립하였고, 1988년 10월 1일 전쟁 이후 북한 땅에서 처음으로 공개적인 미사를 드렸다.

불교계에서도 1988년 5월에 묘향산 보현사에서 부처님오신날 봉축행사를 거행하는 역사적 사건이 있었고, 1989년 1월 15일에는 불교의 성도절 기념법회를 전국 사찰에서 갖게 되었다. 특히 1990년대 후반 이후 한국 불교계의 도움으로 북한지역 사찰 복원과 사찰 단청사업도 계속되었다.

천도교 역시 1989년 「조선천도교 중앙위원회」가 '천도교리대요', '천도교약사', '천도교청우당론' 등의 내용을 담고 있는 『의전해설』을 간행하였다.

1988년을 기점으로 북한당국이 추진한 이러한 정책의 변화는 1988년에

---

68) 위의 책, pp. 107-108.
69) 김흥수, "북한종교의 변화와 사회적 환경," 『종교연구』, 제32집 (2003년 가을), p. 2.
70) 위의 논문, p. 2.

남한에서 열리는 서울올림픽과 관련이 있었다. 북한당국은 한국의 서울올림픽 개최로 인해 생기게 될 체제경쟁력 약화를 만회하고자 하였으며, 1989년 7월에 평양에서 개최될 '제13차 세계청년학생축전'을 그 기회로 삼고자 하였다. 따라서 이 평양축전을 성공적으로 개최하기 위해서라도 눈에 보이는 종교의 외형적인 구색을 맞출 필요가 있었다. 이러한 조치들은 통일전선적 입장에서 실시된 것이지만, 종교 황무지인 북한 땅에 종교적 성소가 세워지고 종교의식이 거행되면서 북한의 종교현실은 분명 변화하게 되었다.[71]

또한 김일성 주석이 1989년 1월 1일을 기해 '민족통일 정치협상회의'를 제의한 다음, 1989년 5월 30일에 '조선종교인협의회'가 북한 종교계를 대표하는 조직으로 결성되었다. 1980년대부터 나타나는 북한종교정책의 변화는 북한교회가 북한 사회에서 긍정적으로 이해를 받고, 북한의 공식교회가 정치 · 경제적 역량을 발휘할 기반을 조성하였다. 물론 '신종교정책'[72]을 전면적인 종교 활동의 허용으로 볼 수는 없다. 박승덕은 "주체사상의 종교관"에서 "종교가 객관세계를 왜곡하고 있는 것은 사실이지만......."[73] 이라거나 "신이 존재하지 않는다는 것은 사실이지만......"[74]이라고 하여 종교의 근본인 초월적이고 신적인 개념들을 무시하고 있기 때문이다. 비록 이 같은 한계점을 가지고 있지만 1980년대 중반 이후 나타난 '신종교정책'은 북한당국의 입장에서 북한의 교회가 북한 사회에 도움이 되고, 정치 · 경제적으로 필요한 하위 파트너로 이해되기 시작했다는 점에서 의미가 있다 할 것이다. 실제로 이 시기에 북한종교정책이 전환된 것은 김일성 정권의 생존전략의 일환으로 이해할 수 있다.[75]

한편, 1980년대에 북한당국은 북한 방문자들에게 이른바 가정교회를 소개하였다. 당시 방문자들은 북한당국이 소개하는 것만 볼 수 있었는데 방문

71) 최희숙, "북한종교정책의 변화 전망," 이화여대 대학원 북한학협동과정 석사 논문 (2003), pp. 77-80.
72) 북한교회사 집필위원회, 앞의 책, p. 467. 참조.
73) 북미주 기독학자회, 『기독교와 주체사상』(서울: 신앙과 지성사, 1993), p. 183.
74) 위의 책, p. 184.
75) 박성일, 앞의 논문, p. 60.

자들은 소개받은 것을 외부 세계에 알렸다. 가정교회가 북한당국이나 북한 방문자료에 소개된 보다 훨씬 제한된 종교 활동일 수밖에 없는 이유는 두 가지로 요약할 수 있다. 첫째는 북한 주민들이 보고 듣는 북한의 언론에는 가정교회에 대해 언급하지 않았다. 이는 가정교회가 북한 사회의 범주 밖에서 활용되는 대외선전용이라는 것을 의미한다. 둘째는 북한의 현행 형법상 종교단체에서 행정적 행위를 하거나 종교단체에 기부를 강요하는 행위 등 종교적 업무를 주관하는 것을 실정법 위반으로 규정하고 있다는 점이다. 이를 보면 북한당국의 종교정책의 기본정신은 변하지 않았다는 것을 알 수 있다.[76]

6) 비공식 종교 활동 박해 강화기 : 1998년~현재

1990년대에는 북한의 식량난으로 인한 북한주민의 대량 탈북으로 중국 내 체류자가 증가하면서 또 다른 변화의 국면을 맞이하였다. 중국 내에 체류하는 북한이탈주민들이 종교기관의 도움으로 생활하면서 자연스럽게 종교를 접하고 종교 활동을 하면서 그들의 자발적 북한 귀환이나 강제송환으로 인해 북한 내 비공식 종교 활동이 점차 강화되고 있는 것으로 나타났다.

또한 중국 등 해외 생활을 경험한 북한이탈주민의 북한 재유입으로 이들을 매개로 하는 한국 및 해외 종교 세력의 북한 내 종교 활동 지원이 일정부분 가능해지면서 북한에서의 비공식적 종교 활동이 강화되었다. 더구나 남북한 종교교류는 북한 종교인들과 종교기관의 활동 역량 강화로 나타나 이들의 공식적, 비공식적 종교 활동을 활성화시키고 있다. 특히, 한국 종교기관의 북한에 대한 비공식적 지원과 비공개적 종교교류 증가는 북한 종교 지형에 중요한 변화를 촉진하고 있다.

북한의 종교 실태와 종교박해 현황을 조사한 결과 최근 들어, 북한지역의 비밀종교 활동이 지속적으로 증가하고 있는 것으로 나타났다. 특히 주목할

76) 양병희, 『북한교회의 어제와 오늘』 (서울: 제네시스 21, 2006), pp. 125-126.

점은 코로나19 팬데믹 이후 북한 내에서 종교에 대한 수요가 증가했다는 사실이다. 2022년 기독교 선교단체인 '한국 순교자'에 따르면, 팬데믹 이후 성경에 대한 수요가 증가한 것으로 보고됐다. 이는 방역 조치로 주민들의 이동이 제한되면서 집에 머무는 시간이 길어졌고, 이로인해 북한 주민들이 단파 라디오를 통해 송출되는 기독교 선교 방송을 접할 기회가 증가했기 때문으로 분석된다.[77] 이러한 변화는 북한 내 비공식적인 종교 활동의 확장을 나타내며, 종교적 관심이 높아지고 있다는 점에서 중요한 시사점을 제공한다.

북한 내 비공식적인 종교 활동이 강화되면서 종교를 접하거나 성경책을 소지하는 등의 종교적 행위에 대한 탄압도 더욱 강해지고 있는 것으로 보인다. 최근 김정은 정권 시기에 들어서 북한은 2019년 5월 9일 열린 보편적 정례검토(UPR) 실무그룹 제33차 회기 제8차 회의에서도 종교를 "정치체제를 전복하거나 공공질서를 위반하려는 수단이나 술책으로 사용하는 시도는 결코 용인하지 않겠다" 고 밝히며 이러한 태도를 공식화한 바 있다. 이외에도 2019년 사회주의헌법 개정을 통해 주체사상을 김일성-김정일주의로 대체하고, 군중신고법, 반동사상문화배격법, 혁명사적사업법, 청년교양보장법을 제·개정하여 종교의 자유를 제한하고 유일영도체계의 유지를 위한 사상통제를 강화하고 있다.[78] 이는 결국 북한의 비공식적 종교 활동의 증가와 이를 막기 위한 박해와 처벌의 수준도 여전히 강화되고 있음을 의미한다.

미국의 국제기독교선교단체인 '오픈도어즈(Open Doors)'가 공개한 '2025 세계 기독교 박해보고서(World Watch List)'에서는 기독교 신자에 대한 박해가 가장 심각한 국가로 북한이 1위를 차지했다고 밝혔다. 이로써 북한은 오픈도어즈가 발표하는 종교 박해국 리스트에서 2022년을 제외하고 연속 선두를 유지하고 있다.[79] 또한, 미국 정부 산하 독립기구 국제종교자

77) 자유아시아방송(RFA), "코로나 발생 후 북한 내 성경 수요 매년 2배씩 늘어," (2022.09.26).
78) 통일연구원, 『2023 북한인권백서』(서울: 통일연구원, 2023), p. 165.

유위원회(U.S. Commission on International Religious Freedom)가 발간한 2025년 연례 보고서에서도 북한을 올해 종교자유특별우려국(Countries of Particular Concern)로 국무부에 권고하였다.[80] 이러한 보고서는 북한에서 종교의 자유를 억압하고 탄압하는 행위가 지속적으로 발생한다는 사실을 국제사회가 인식하고 있는 것을 보여준다.

79) Open Doors, World Watch List Situation of Religious Freedom for Christians (2025), p. 1.

80) United States Commission on International Religious Freedom(USCIRF), Annual Report (2025), p. 30.
https://www.uscirf.gov/sites/default/files/2025-03/2025%20USCIRF%20Annual%20Report.pdf

◦ 출처: 오픈도어즈 웹사이트[81]

---

ww.opendoors.or.kr/board/list.do?iboardgroupseq=1&iboardmanager seq=1

3. 북한의 종교별 현황

1) 북한의 종교 개괄

북한의 폐쇄적인 사회구조로 인해 정확한 종교 현황을 파악하는 것은 현실적으로 매우 어렵다. 대부분 정보는 북한당국이 제공한 자료나 북한을 방문한 종교단체의 보고서를 기반하고 있어, 자료의 신빙성과 정확성을 담보할 수 없다. 이러한 제한에도 불구하고, 기존 자료와 최근 국내외 자료를 종합하여 북한의 종교 현황을 분석하였다.

북한당국은 종교의 존재를 부인하지 않지만, 종교가 본연의 기능을 제대로 수행하지 못하고 있다. 대신, 종교는 대외적으로 활용 가치가 높은 정치적 도구로써의 역할만을 하고 있는 것으로 평가된다.

(1) 북한의 종교인 규모

북한이 1950년대에 펴낸 『조선중앙연감』에 의하면, 해방 당시 북한에는 천도교 신자 약 169만 명, 불교 신자 약 37만 5천 명, 기독교 신자 약 20만 명, 천주교 신자 약 5만 7천 명으로 전체 200만여 명의 종교인이 있는 것으로 추정되었다. 이는 그 당시 북한 인구의 22.2% 수준이었다.[82] 물론 실제 종교인 수는 이보다 훨씬 많았을 것으로 남한의 종교인들과 연구가들은 평가하고 있다.[83] 그러나 해방 이후 북한당국의 종교 탄압정책으로 대부분 종교인들은 월남하였고, 전쟁 당시 사망하거나 행방불명되고 배교함으로써 거의 소멸한 것으로 보였다.

그런데 1970년대 이후 북한당국의 정치적 목적에 의해 북한의 종교정책이 변화함에 따라 종교단체들의 활동이 서서히 나타났다. 한편 북한당국이 유엔인권이사회에 제출한 2차 정기보고서(국가인권보고서)에는 북한의 종교

82) 조선중앙통신사, 『조선중앙년감 1950』 (평양: 조선중앙통신사, 1950), p. 365.
83) 이찬영 편저, 『북한교회 사진명감』 (서울: 총회북한교회재건위원회, 2000), p. 10.

관련 통계수치가 나와 있다. 이에 따르면 북한종교인 수는 2000년 당시 불교 신자 약 1만 명, 기독교 신자 약 1만 명, 천도교 신자 약 1만 5천 명, 천주교 신자 3천 명으로 전체 3만 8천여 명으로 전체 인구의 약 0.2% 수준으로 집계되었다.[84] 반면 정확히 알려진 바는 없으나 러시아 정교 신도 규모는 현재 5명 정도로 알려져 있다.[85]

영국 인권단체인 '국제소수자권리그룹(MRG)은 2011년 발간한 연례보고서에서 북한당국이 밝힌 신자 수는 기독교 신자 1만 2천 명, 불교 신자 1만 명, 가톨릭 신자 800명이라고 밝혔지만, 탄압을 피해 몰래 신앙생활을 하는 '지하 신자'[86]까지 포함하면 실제 수는 더 많을 것이라고 설명했다.[87]

교직자의 경우 2024년까지 천주교는 한 명의 사제도 없으며, 기독교와 불교는 각각 300명, 천도교는 250명이 종교의식을 주관하는 것으로 보인다. 2025년 현재 총 교직자 수는 〈표 3-6〉에서 보는 것과 같이 러시아 정교 교직자 5명을 포함하여 총 855명으로 추정되고 있다.

(2) 북한의 종교시설

2025년 현재 북한의 종교시설은 3개의 교회(봉수교회, 칠골교회, 제일교회)와 1개의 성당(장충성당), 60개의 사찰, 52개의 천도교당, 1개의 러시아 정교회 성당으로 총 121개(가정예배 처소[88] 및 기도처 제외)로 추정되고

---

84) 통일부, 『2000 북한이해』 (서울: 통일부, 2000), pp. 469-470.

85) 하종필, 앞의 책, p. 113.

86) 모퉁이돌선교회는 북한의 지하 성도 수를 약 10만 명으로 추산했으며, 한국오픈도어선교회는 이 수를 20만에서 40만 명으로 추정하고 있다. 한편, 한국 순교자의 소리는 북한에 약 50만 명의 지하 성도가 있을 것으로 추정하고 있다. https://www.kmib.co.kr/article/view.asp?arcid=0020216607&code=61221111&cp=nv

87) 천지일보, "북한, 종교탄압 개선될 기미 거의 없다," (2011.07.12).

88) 513개의 가정교회, 12,340명의 신도, 목사 30명을 포함한 장로, 집사, 권사의 숫자가 300명이라고 기독교 교세를 집계하였다. "조국의 평화통일과 선교에 관한 기독자 후쿠오카회의 결의문," 『기독공보』 (2000.12.23). 박성일, 앞의 논문, p. 76에서 재인용; 그러나 미국무부 국제 종교자유연례보고서(Annual Report of the United States Commission on international Religious Freedom, May 2006)에 따르면 북한에서 가정교회의 실체가 확인된 바 없다고 지적하고 있다.

있다.[89)]

현재 북한의 각 종교현황을 해방 직후의 종교현황과 비교해 보면, 종교시설이나 신도 수, 교직자 수 규모가 크게 축소되었음을 알 수 있다. 북한의 공식적인 발표 자료와 재일본조선인총연합회 발표 자료, 그리고 국내외 발표 자료를 종합한 결과는 다음과 같다.

89) 통일부 통일교육원, 『2016 북한이해』 (서울: 통일부 통일교육원, 2015), pp. 322-327.

〈표 3-6〉 북한의 종교 현황 (2025년 추정규모)

종파	종교시설수(개)			신도수(명)			교직자수(명)			비고
	해방 시기	2001년	2025년	해방 시기	2001년	2025년	해방 시기	2001년	2025년	단체명
천도교	99	52 교당 (아파트 내 기도처 800)	52 교당 (아파트 내 기도처 801)	169만	1만 5천	1만 5천	-	250	250	조선 천도교 중앙위원회
불교	518	60	69	37만 5천	1만	1만	732	200	300	조선 불교도 연맹
기독교	2,000	2 (가정예배처소 500)	3 (가정예배처소 500)	20만	1만	1만 2천	908	300 (목사 20)	300 (목사 30)	조선 그리스도교연맹
천주교	교구 4개 (57 본당)	1성당, 2공소	1성당, 2공소 (3지구, 가정처소500)	5만 7천	3천	3천	262 (주교 3, 사제 90)	0	0	조선 가톨릭 교협회
러시아정교	0	0	1	-	-	5	-	-	5	조선 정교 위원회
계	**2,674개 4교구**	**115개**	**126개**	**2백32만 2천명 (24.3%)**	**3만 8천명 (0.2%)**	**4만 5명 (0.2%)**	**1,902명**	**750명**	**855명**	**5개**

(3) 북한의 종교 교육기관

북한 교육성이 1987년 9월 김일성종합대학 역사학부에 비공식적으로 종교학 강좌를 개설하였다가 1989년 7월 평양에서 열린 '세계청년학생축전'을 기점으로 김일성종합대학 내 종교학과를 공식화하였다. 개설 초기 5명이었던 종교학과의 정원이 20명으로 늘어난 것도 이때부터이다. 교육과정은 5년이며, 정원이 정해져 있기 때문에 학업성적이 우수해야 할 뿐만 아니라 출신성분이 매우 좋아야 한다. 더욱이 종교를 사상의 오염원으로까지 평가하는 북한 체제의 특성상 종교학과에 입학하기 위해서는 실력뿐만 아니라 각급 기관이 평가하는 '사상적 검증' 과정에서도 최고의 평가를 득해야 가능하다.

김일성종합대학교의 종교학과는 1980년대 중반 이후부터 미국, 일본 등 외국 종교단체들과의 접촉과 교류를 담당할 인력을 양성할 필요성이 제기되었기 때문에 창설되었다. 이처럼 국가차원의 국제교류 확대와 더불어 종교적 행사에 외국 단체들이 참가함에 따라 의전 및 외국어 사용을 비롯하여 종교적인 역할을 담당하는 전문가를 양성하기 위한 교육기관으로의 기능이 강조되었다.

종교 학과에서는 기독교·천주교·불교·천도교·이슬람교 등 5개 전공과목으로 나눠 각 종교에 대한 역사와 교리, 종교의식, 문화 등을 가르치고 있다. 학과에서 사용하는 교재는 대학에서 만든 것만을 사용하며, 성경이나 불교경전 등 각 종교의 원전은 필요한 부분만 학과의 책임자로부터 허락을 받아 대학 도서관 등의 자료를 열람하는 것으로 한정되어 있다.

김일성종합대학의 종교학과생들은 1989년부터 2014년까지 25년간에 걸쳐 약 500여 명이 배출된 것으로 추정된다. 이들은 졸업 후 대부분 북한의 종교단체나 천도교 청우당과 같은 정당에 배치되며, 각종 종교교류 및 행사, 종교 간 협력사업 등을 추진하는 업무를 관장하고 있다.[90] 그 외의 각 종교별 교육기관은 다음과 같다.

---

90) 이지범, "북한의 불교교육기관," 불교닷컴 칼럼(2012.07.03).

북한이 2000년 유엔인권이사회에 제출한 2차 정기보고서에 따르면, 조선천도교 중앙위원회는 천도교 중학교를 운영하고 있다.

김일성의 지시로 불교의 승려 양성을 위한 불교학원은 처음 조선불교도연맹중앙위원회가 량강도 삼수갑산 중흥사에 개설 이후 불교학원은 평양 광법사로 이전되었다. 불교학원의 주요한 특징은 중앙당 통일전선부와 조불련 중앙위원회가 필요에 따라 개설하는 것과 입학 후 3년 과정이 종료되면 다시 신입생을 뽑는 것이다. 승려 양성교육은 중앙당 통일전선부가 담당하고 있다. 북한에서 승려가 되는 절차는 김일성종합대학 종교학과를 졸업하거나 각급 기관에서 간부로 활동을 한 사람 중에서 불교학원, 지방순회 강습소에서 불교 교육을 이수한 경우에 한해서 가능하다.

기독교의 교육기관으로는 조선기독교연맹이 1972년 9월에 개원한 '평양신학원'이 있으며 지도자를 양성하는 기관이다. 1992년까지 3년제로 7기 졸업생을 배출하다가 고난의 행군 시절에 운영이 중단된 후 2000년 9월에 한국 기독교계의 지원으로 5년제로 재개원하였다.[91] 2010년 8월 말에 9기생 12명이 졸업하였고, 2010년 10월을 기준으로 평양신학원에 12명의 신학생들이 10명의 교수진과 공부하고 있다고 북한 정부는 주장하고 있다.[92] 1972년 개원한 이후 8기까지 졸업생은 80여 명[93], 2019년 기준 약 150명이 평양신학원을 졸업한 것으로 보인다.[94] 평양신학원의 원장은 현재 조선그리스도교연맹 중앙위원회 위원장인 강명철 목사로 신학 강의는 조선그리스도교연맹의 목사들이 하며, 일반과목 강의는 사회과학원 연구사들과 평양시내 대학 교수들을 초빙해서 하고 있다. 교육하는 과목은 성서신학, 역사신학, 조직신학, 찬송가학 등 기본과목과 외국어·세계사 등의 일반과목이 있다. 교육에 필요한 도서는 미국 로스앤젤레스의 '선한 사마리아교회'와 남한의 교회 등에서 기증받은 것을 이용하고 있다.[95] 천주교의 교육기관은 없으며, 러시아 정교의 교육기관은 알려진 바가 없다.

---

91) 통일부, 『2009 북한이해』(서울: 통일부, 2009), p. 242.
92) 노컷뉴스, "北, 서방세계 기독교 교회와 교류 희망," (2010.11.10).
93) 통일뉴스, "북한교회를 가다㉓ 평양신학원(상)," (2016.06.13).
94) 자유아시아방송(RFA), "북한의 종교-평양신학대학원," (2019. 02. 05).
95) NK조선, "평양신학원," (2004. 07. 30).

(4) 북한의 종교단체

현재 북한에는 천도교·불교·기독교·천주교·조선정교(러시아정교)·무속신앙이 존재하고 있으며, 무속신앙을 제외한 각각의 종교단체들이 운영되고 있다. 또한 1989년 각 종교단체들의 협의체로 구성된 조선종교인협의회가 결성되어 운영되고 있다. 각 종교단체의 설립일과 대표자, 주요 종교시설 등 관련된 사항은 〈표 3-7〉과 같다.

〈표 3-7〉 북한종교단체 현황 (2025.10.01 기준)

단 체	시 기	현 황
조선종교인 협의회	1989.05.30	· 종교단체들의 협의체로 결성 · 위원장: 강지영(현재)
조선불교도연맹	1945.12.26	· 북조선불교도연맹으로 발족 · 1대 위원장: 김세률
	1948.	· 북조선불교총연맹으로 개명
	1955.	· 현 명칭으로 개명
	1963.02	· 2대 위원장: 안숙용
	1972.	· 조선불교도연맹 중앙위원회 출현
	1979.05.05	· 3대 위원장: 박태화(2005.11.11 사망)
	2006.05.08	· 4대 위원장: 유영선
	2008.07.30	· 5대 위원장: 심상진
	2012.11	· 6대 위원장: 강수린(현재)
조선그리스도교연맹	1946.11.28	· 북조선기독교연맹으로 발족 · 1대 위원장: 강양욱
	1974.02	· 조선기독교연맹으로 개명
	1986.09	· 2대 위원장: 김성률
	1988.	· 봉수교회 건립
	1989.02	· 3대 위원장: 강영섭
	1989.	· 칠골교회(반석교회) 건립

	1999.02	· 현 명칭으로 개명
	2005.11	· 제일교회 건립
	2008.12	· 위원장: 강영섭(2012.01 사망)
	2013.07	· 4대 위원장: 강명철 (현재, 강영섭 장남)
조선가톨릭교협회	1988.06.30	· 조선천주교인협회로 발족
	1988.09	· 장충성당 건립
	1999.06	· 현 명칭으로 개명 · 1대 위원장: 장재언
	2015.10	· 2대 위원장: 강지영(현재)
조선천도교 중앙위원회	1946.02.01	· 천도교 북조선종무원으로 발족
	1974.02.15	· 현 명칭으로 개명 · 위원장: 류미영(2016.11.23. 사망)
	2020	· 위원장: 리명철
조선정교위원회	2002.09.25	· 조선정교위원회 발족
	2003.06	· 위원장: 허일진
	2006.08	· 정백사원 건립
	2017[96]	· 위원장: 김지선(현재)

96) 러시아 정교회와 조선정교위원회와의 교류 관련 기사를 통해 현재 조선정교위원회 위원장은 김지선인 것으로 나타나고 있으나 언제 선출되었는지는 확인되고 있지 않고 있다. 조선정교위원회 위원장 김지선인 사실은 2017년 이후 발행된 기사에서부터 나타나고 있다. "First Orthodox Services Ever in Kumgangsan, North Korea" 『Journey to Orthodoxy』, (온라인) 2018년 12월 10일 https://journeytoorthodoxy.com/2017/03/first-orthodox-services-ever-kumgangsan-north-korea/

2) 각 종교별 현황

(1) 천도교

해방을 전후하여 북한에서 신자 수가 가장 많았던 종교는 천도교였다. 당시 북한의 천도교 신자는 약 169만 명으로 그 수는 한반도 전체 천도교 신자의 70%에 달하였다.[97] 천도교는 수적으로만 방대했던 것이 아니라, 1945년에 '천도교 청우당'을 조직하여 반일운동 및 신문화운동을 전개하는 등 민족주의적이고 현실참여적인 종교 활동을 통해서 막강한 교세를 확보하고 있었다. 이처럼 사회주의 건설과 통일전선에 적극참여했다는 점에서 북한에서 천도교는 타 종교에 비해 비교적 긍정적인 평가를 받고 있다.

'천도교 청우당'은 북한 내에 유일한 종교 단체적 성격을 띤 정당이며, 1946년에 결성된 '천도교 북조선종무원'(74년 '조선천도교 중앙위원회'로 개명하였음)과도 연관을 맺고 있다. 이 두 단체는 조직상으로만 이원화되어 있을 뿐 실제 활동은 단일 단체처럼 이루어지고 있다.[98]

'조선천도교 중앙위원회'는 1986년부터 천도교 창도일인 '천일기념식'을 행하고 있으며, 1994년부터는 단군제를 거행하는 등 종교 본연의 활동을 하기 시작하였다.

현재 천도교는 52개 교당이 평양 및 각 도별로 산재해 있고, 전국에 801개의 기도처가 있으나, 기도처는 아파트 등 일반 주거 시설을 활용하는 것으로 알려져 있다. 일반 신자들은 일요일에 10명에서 20명씩 전 교실에 모여 시일례식이라는 예배를 드리고 있다. 이때 도정, 교정 등 나이가 많고 공로를 세운 고참 신도가 의식을 지도한다고 한다. 북한의 천도교 시기별 활동 내용은 〈표 3-8〉에서 확인할 수 있다.

97) 사회과학원, 『력사사전』 (평양: 사회과학원출판부, 1973), p. 742. 북한이 1950년대에 발간한 『조선중앙연감』은 천도교 신자 규모를 약 150만 명으로 밝히고 있다.
98) 기길선, "북한 사회의 종교와 기독교 교육," 숭실대학교 통일정책대학원 석사논문 (1997), pp. 61-62.

〈표 3-8〉 천도교 시기별 활동 내용

시 기	내 용
1945	• '북조선천도교 청우당' 결성
1946	• '천도교 북조선종무원' 결성
1974	• '조선천도교 중앙위원회'로 개칭
1986 -2015	• 천도교 창도일 '천일기념식' 봉행
1994	• 단군제 거행(종교 본연의 활동 시작)
2001	• 천도교 차원의 기념식 남북 공동 개최
2009	• 남북 공동성명 발표(3.1절, 광복절, 개천절)
2011	• 조선천도교 중앙위원회 교당에서 '남북합동시일식' 봉행
2012	• 분단 이후 최초 일본 규탄 성명 남북 공동 발표 • 10.4 공동선언 이행 촉구 남북공동 호소문 채택
2014	• 천도교 창도 154주년 '천일기념식' 개최 • 개천절 남북 공동기념행사 개최
2015-2019	• 남북 공동행사 협의 및 실무 접촉
2021-2025	• 2020년(코로나19) 제외하고 단군제 거행

(2) 불교

북한에는 남한과 달리 불교의 여러 종파가 없고, 오직 '조선불교도연맹(약칭 조불련)'이 전국적인 조직으로 구성되어 있다. 1945년 12월 26일에 '북조선불교도연맹'이 결성되었으며, 1948년에는 '북조선불교총연맹'으로 개칭하였다. 이를 모체로 1955년에 조불련을 공식 창립하였으며, 이후 조직을 체계적으로 정비하고 각 시·도위원회를 공식 조직화하였다.

조불련은 북한의 사회주의 건설 사업에 동조 또는 협력하는 조직적 기능을 수행했다고 볼 수 있다. 북한불교는 민족문화유산으로 분류되는 사찰,

목·석조물, 탱화 등 불교문화재를 다량으로 보유함으로써 북한 정권의 수립 초기부터 협조 관계를 요구받게 되었다. 1950년 6월 26일 김일성 주석의 전쟁 동참에 대한 방송 연설 이후 불교계는 1950년 7월 15일에 평양에서 불교신앙협회, 불교청년사, 여성불교도회 등 불교단체를 중심으로 연합회의를 열었고, 1,300명의 불교 신도들이 인민군에 입대했다고 알려져 있다.99) 또한 강원도 안변 보현사와 석왕사 등 북한불교를 대표하는 사찰과 신도들은 당시 화폐로 수백만 원의 성금과 각종 위문품을 인민군에 보내고 파괴된 도로와 교량, 철도 복구에 참가하였다고 북한당국은 밝히고 있다.100)

1989년 7월 1일~8일까지 평양에서 '제13차 세계청년학생축전'이 개최되는 동안 조불련은 불교 대표 3명을 파견하여 각국의 청년 · 학생 · 종교인들과 친선활동을 전개하는 한편, 평양시 모란봉구역 용화사에서 그들을 위한 환영 의식을 거행하였다. 또한 1991년 1월 23일에는 평양 용화사를 비롯하여 보현사, 표훈사 등 4대 사찰에서 '성도절 및 조국통일기원법회'를 대대적으로 개최하였고, 같은 해 2월에는 평양 광법사가 복원되었다.101)

[그림 3-1] 평양 광법사

◦ 출처: 한국종교인평화회의

특히 1990년대 후반 이후 한국 불교계의 도움으로 북한지역 사찰 복원과 단청사업이 계속되고 있다. 1999년 11월에는 개성 영통사(27동) 복원에

99) 정태혁, 『북한의 종교』 (서울: 국토통일원, 1979), p. 29.
100) 심상진, 『불교도들의 참다운 삶』 (평양: 조선 불교도연맹중앙위원회, 2001), p. 22.
101) 이지범, "북한불교의 역사," 불교닷컴 칼럼(2012.05.01).

착수하여 2005년 10월에 완공한 후 2007년부터는 관광 사업을 개시하였다. 또한 2004년 11월에는 금강산 신계사 복원에 착수하여 2007년 10월에 3층 석탑만 남아있던 옛터를 예전의 모습으로 복원하고 낙성식을 가졌다.[102)]

[그림 3-2] 개성 영통사

◦ 출처: 한국종교인평화회의

현재까지 파악된 북한의 현존하는 사찰은 69개로 확인된다. (개성 영통사, 금강산 신계사 포함) 지역별로는 평양 5곳, 개성 4곳, 평안북도 19곳, 평안남도 4곳, 자강도 2곳, 황해북도 4곳, 황해남도 8곳, 양강도 1곳, 함경북도 4곳, 함경남도 8곳, 강원도 10곳 등이다. 남한의 크고 작은 사찰이 5천여 개에 육박하는 것과 비교하면 적은 수치이지만, 종교를 금기시했던 북한의 정책에도 불구하고 69개의 사찰이 남아있다는 것은 높이 평가할 만하다.[103)] 그러나 북한의 불교 사찰들은 그 종교적 의미와 기능을 상실한 채 김일성의 교시에 따라 다만 문화재로서의 가치와 인민들의 문화휴식 공간으

102) 통일부, 『2009 북한이해』 (서울: 통일부, 2009), p. 242.
103) 불교평론, "북한불교의 역사와 현황," (2014.11.27).

로서의 기능만이 강조되고 있으며, 다른 불교문화 유산들도 이와 유사하게 평가되고 있다. 이와 같이 북한에서 불교는 조선노동당의 외곽단체로 활동하는 '조선불교도연맹'을 중심으로 활동이 이루어지고 있을 뿐, 불교 신자들의 신앙생활에 대한 정보는 공식적으로 알려진 바 없다. 하지만 그럼에도 불구하고 〈표 3-9〉에서 알 수 있듯이 2000년대 이후에는 사찰 복원사업을 통해 불교 활동이 활발하게 이루어지고 있음을 확인할 수 있다.

〈표 3-9〉 불교 시기별 활동 내용

시 기	내 용
1945	• '북조선불교도총연맹' 발족
1946	• 토지개혁으로 경제적 기반 상실
1955	• '조선불교도연맹'으로 개칭
1976	• 아시아 불교도 평화회의에 정식 회원국으로 가입
1986	• 세계 불교도 연맹(WFB) 가입
1988	• 묘향산 보현사에서 40여년 만에 석탄절 기념 법회 개최
1989	• 교육기관 '불교학원' 설립
1991	• 미국에서 남북 불교 대표자 회의 및 합동 법회 개최
2003	• 북한 사찰 복원 및 단청사업
2005	• 개성 영통사 복원 완공
2007	• 금강산 신계사 복원 완공
2009	• 금강산 신계사에서 '신계사 낙성 2주년 기념 남북공동법회' 개최 • 개성 영통사에서 '대각국사 의천 열반 다례법회' 남북 공동 개최
2010	• 해외에 반출된 문화재 반환 사업 남북 공동 협의
2011	• 묘향산 보현사에서 '팔만대장경 판각 1천년 기념 고불법회' 남북 공동 거행 • 개성 영통사 복원 6주년 기념 및 '대각국사 의천 910주기 열반 다례제' 남북 공동 개최
2012	• 조계종이 금강산 신계사에서 '신계사 낙성 5주년 합동법회' 개최 • 천태종이 영통사에서 '대각국사 다례제 및 영통사 낙성 7주년 합동법회' 개최

2013	• 8월 15일 북한 각지 사찰에서 8.15기념 조국통일 기원 남북불교도 동시법회 진행 • 조계종이 금강산 신계사에서 '신계사 낙성 6주년 합동법회' 개최 • 천태종이 영통사에서 '대각국사 다례제 및 영통사 낙성 8주년 합동법회' 개최
2014	• 조선불교도연맹 금강산 신계사에서 만해스님 열반 70주기 남북합동다례제 봉행 • 금강산 신계사 복원 7주년 남북합동법회 • 영통사 낙성 9주년기념 조국통일기원 및 의천 대각국사 913주기 열반 다례재 남북불교도합동법회
2015	• 부처님오신날 남북합동법회 관련 논의 • 영통사 복원 10주년 기념 평화통일기원대법회, 대각국사 의천 스님 914 주기 열반다례제 논의 • 진각종 창종 70주년 기념 남북공동법회 봉행 논의 • 금강산 신계사 복원 8주년 남북합동법회 • 개성 영통사 복원 10주년 기념 남북합동법회
2016	• 남북 공동행사 협의 및 실무 접촉
2017	• 불기 2561년 부처님오신날 봉축 조국통일기원법회
2018	• 남북 공동행사 협의 및 실무 접촉
2019	• 남북 공동행사 협의 및 실무 접촉 • 금강산 신계사에서 남북합동으로 진행된 '새해맞이 연대모임'에서 한반도 평화 발원을 위해 반야심경 봉독
2020	• 4월 30일 사월초파일 축제 봉행 • 조계종과 조선불교도연맹 중앙위원회 2020 새해 서신 교환
2021~2025	• 특이사항 無

(3) 기독교

북한은 정부수립 이후 기독교 세력을 탄압하면서도 이들을 정치적으로 활용하기 위하여 1946년 11월에 '북조선 기독교도연맹'을 설립하였다. 이후 다른 종교와 마찬가지로 1960년대 말까지 별다른 활동을 보이지 않다가 1974년 2월에 '조선기독교연맹'으로 이름을 바꾼 후 위원장인 강양욱을 중심으로 활동을 전개하기 시작했다. 이후 동남아시아와 아프리카를 순방하고, 1974년 8월에 '세계교회협의회(WCC)'에 회원가입을 신청함으로써 북한의 다른 종교에 비해 일찍이 해외에 그 존재를 알리고 활발한 활동을 보이기 시작했다. 그러나 이러한 활동은 정치적, 대외 선전적 차원의 활동이었기 때문에 북한의 기독교가 종교 본연의 활동이라는 차원에서 대외적으로 인식된 것은 1988년에 봉수교회가 설립되면서부터이다.[104] 이후 1989년에 칠골교회(반석교회), 2005년에 제일교회가 설립되면서 현재까지 북한에 설립된 공인교회는 총 3개로 모두 평양에 위치하고 있다.[105]

봉수교회와 칠골교회는 국가의 토지 증여와 무이자 대부 및 신자들의 헌금 등으로 설립되었다. 특히 봉수교회는 건립비로 북한 돈 약 50만 원이 사용되었는데, 신도헌금 30만 원과 정부대여금 20만 원으로 충당되었다고 알려져 있다.[106] 칠골교회는 봉수교회에 비해 규모와 내부 장식 등이 미흡하다는 이유로 1992년 말에 새로 증축되었으며, 봉수교회는 2005년 9월에 재건축 공사를 시작하여 2007년에 완공되었다. 북한의 우리민족끼리에 따르면 칠골교회는 리모델링이 완료되어 새로운 모습으로 다시 모습을 드러내었다.[107]

---

104) 박성범, "북한의 기독교 복음화 선교를 위한 한국교회의 역할과 방안 고찰," 『개혁논총』, 제 19집(2011), pp. 287-288.
105) 통일부, 『2024 북한인권보고서』 (서울: 통일부, 2024), p. 277.
106) 김흥수, 앞의 논문, p. 2.
107) 노컷뉴스, "北, 칠골교회 리모델링…"새 모습 드러내,"" (2014.07.25).

[그림 3-3] 평양 칠골교회

◦ 출처: 한국종교인평화회의

〈표 3-10〉에서 보는 것과 같이 현재 봉수교회와 칠골교회에서는 계기가 있을 때마다 100-300명의 신자들이 모여 예배와 기도회를 드리고 있다. 그러나 방북자들의 증언에 의하면 대부분 신자들은 50대 이후의 노년층으로 어린아이는 전혀 없고, 청년층도 거의 찾아볼 수 없다고 한다.108)

〈표 3-10〉 기독교 시기별 활동 내용

시 기	내 용
1946	• '북조선기독교도연맹' 발족
1972	• 교육기관 '평양신학원' 개원
1974	• '조선기독교연맹'으로 개칭 • 세계교회협의회(WCC)에 가입 신청
1988	• '봉수교회' 건립
1989	• '칠골교회(반석교회)' 건립
1999	• '조선그리스도교연맹'으로 개칭

108) 통일연구원, 위의 책, pp 287-288.

2001	• 한국 기독교계 평양신학원 재개원 및 운영 지원 시작
2005	• ‘제일교회’ 건립 • 한국 기독교계 북한 성경 및 찬송가 제작 자재 지원
2006	• 봉수교회에서 남북합동예배 거행
2008	• 봉수교회에서 ‘평화통일 남북교회 기도회’ 개최
2009	• 평양과학기술대학교 건물 준공식 및 공동총장임명
2010	• 한국 기독교계 북한 내 한국 성경 보급 문제 협의 • 평양과학기술대학교 개교
2011	• ‘한반도 평화를 위한 기도회’ 남북 공동 개최 • 봉수교회 및 칠골교회 방문 후 남북 종교교류 협력방안 논의
2012	• 남북 공동기도회 개최와 세계교회협의회(WCC) 부산총회 참여 논의 • 8.15 ‘평화통일 남북공동기도주일’ 기도문 합의
2013	• 7월 28일 평양 봉수교회 6.25 정전60주년 기념 예배 개최 • 8.15 ‘평화통일 남북공동기도주일’ 기도문 발표
2014	• 칠골교회 재건축 완료 • 8.15 ‘평화통일 남북공동기도주일’ 연합예배 봉수교회에서 개최 • 평양 봉수교회에서 남북 공동 조국평화통일기원 기도회 개최
2015	• 한반도 평화통일 개발협력을 위한 에큐메니컬 포럼 개최
2016-2019	• 남북 공동행사 협의 및 실무 접촉 • 7월 28일 재일대한기독교회 및 일본그리스도교협의회와 봉수교회에서 합동예배 진행 • 12월 25일 봉수교회와 칠골교회에서 성탄절 기념 예배 진행
2020-2025	• 특이사항 無

한편 북한선교에 대한 비전을 가지고 북·중 접경지역을 통해 영향력을 행사해 왔던 한 선교단체는 북한의 지하교회 유형을 크게 세 가지로 제시하고 있다.[109]

109) 아래 글은 80년대 중반부터 북한선교활동을 실시해 오고 있는 모퉁이돌선교회에서 작성한 글을 요약 정리한 것이다. “통일시대에 활동한 일꾼을 준비하는 북한지하교회개척,” 카타콤소식 (2015년 10월 6일 검색) http://www.cornerstone.or.kr/public/readArticle.asp?CurrentCatID=C4107488655629431&ArticleID=A6672028886330664)

첫째는 중국에서 훈련을 받고 북한으로 돌아간 사람들에 의해 개척된 지하교회이다. 동 선교회에서는 아래와 같은 지하교인의 편지를 공개하였다.

> "지금 저를 포함에 13명의 성도들이 하나님을 믿고 있습니다. 비록 나라가 도탄에 빠져 모임에 어려움이 있지만 가만가만 모두가 성실하게 참여를 합니다. 여전히 경제적인 어려움으로 곤란하지만, 우리 13명의 성도들이 온갖 눈을 피하며 공부할 수 있도록 그리고 이 모임이 잘 발전할 수 있도록 깊이 기도해 주십시오. 이제 저희 기업은 앞으로 주님의 성도들을 키우는 교회로 전환하려고 합니다. 저는 항상 마음의 기둥을 안겨 주시고 저에게 자매들과 만나는 기쁨을 안겨주신 주 예수 그리스도에게 간절히 기도합니다."
>
> 2014년 OO월 OOO 올림

둘째는 해방 전부터 신앙을 가졌던 그루터기 성도들에 의해 개척되는 지하교회이다.

해방 전 북한에는 3,089개의 교회가 존재했다. 그 많던 교회가 공산화되면서 훼파되었지만 믿음을 지켰던 성도들에 의해 개인 혹은 가족 단위로 기도와 예배가 은밀하게 드려져 왔다. 그러나 보이지 않았던 성도들의 모습은 중국과 해외동포들의 북한방문을 통해 하나둘씩 드러나기 시작했다. 이들을 통해 오랫동안 고난과 핍박을 받은 북한 성도들에게 복음이 전파된 것으로 보이나 지하교회의 정확한 수는 파악되지 않았다.

셋째는 북한 내부에서 자체적으로 개척되는 지하교회이다.

북한당국이 대내외적으로 엄격한 감시와 통제를 지속하고 있음에도, 북한 내에서 이러한 활동이 가능한 이유는, 북한 주민들이 자신의 상황에 적합한 교회 개척 방안을 모색할 수 있었기 때문이다. 이는 북한 체제와 제도의 특성을 이해하고 이를 활용할 수 있는 전략적 접근을 통해 자생적으로 운영 가능한 지하교회를 설립할 수 있었던 것으로 보인다.

(4) 천주교

해방 후 천주교에 대한 북한당국의 정책은 타 종교와 비교하면 매우 적대적이었다. 불교와 기독교에 대해서는 어용 단체를 만들어 교인들을 회유하는 등 정치적 도구로 이용하였으나, 천주교에 대해서는 그렇게 하지 않았다. 그 이유는 타 종교에 비해 천주교인의 수가 적었을 뿐만 아니라, 천주교인들이 반공의식이 강했기 때문에 북한당국이 처음부터 조직화할 대상으로 삼지 않았다고 볼 수 있다. 또한 천주교는 로마 바티칸을 중심으로 조직화되어 있으며, 다수의 외국인 성직자들이 포함되어 있으므로 공산 정권이 포섭대상으로 다루기 쉽지 않았던 종교 세력이었다.

북한의 천주교는 공산 정권의 토지개혁과 산업 국유화 조치로 인해 경제적 기반을 잃고 점차 와해되었으며, 1988년 6월에 '조선천주교인협의회'가 결성되고 난 후에야 천주교의 실재가 표면화되고 활동이 재개되었다. 조선천주교인협의회의 발족으로 인해 천주교인만을 위한 중앙 종교조직이 탄생하게 되었고, 북한 천주교인들의 구심점 역할을 하게 되었다. 같은 해 9월에는 평양에 장충성당이 건립되었으며, 1988년 10월 1일에는 천주교 서울대교구 장익 신부와 정의철 신부가 참석한 가운데 첫 미사를 거행하였다. 이는 북한지역에서 처음으로 거행된 천주교 의식이었다. 현재 북한의 천주교는 1999년 6월에 개명한 '조선가톨릭교협회'가 신자들의 신앙 활동을 지도하고 있다.

북한의 천주교는 외형적으로는 종교 본연의 성격과 기능을 강조하고 있지만, 타 종교와 마찬가지로 북한당국의 정치적 도구로서 기능하고 있다. 북한 천주교가 바티칸과 연계를 모색하는 것 또한 천주교 고유의 조직성 때문이라기보다 북한당국의 정치적 의도가 더 크게 작용하는 것이라고 할 수 있다.[110]

---

110) 기길선, 앞의 논문, pp. 59-60.

[그림 3-4] 평양 장충성당

◦ 출처: 한국종교인평화회의

북한의 장충성당에는 가톨릭 신부가 없기 때문에 공식적인 미사를 집전할 수 없으며, 성찬식도 할 수 없다. 단지 〈표 3-11〉에서 볼 수 있듯이 한국이나 외국에서 신부들이 방문했을 경우에 한해서 제한적으로 미사가 집전되었다. 그러나 현재 한국 천주교의 입장에 의하여 한국인 신부의 장충성당에서의 미사 집전은 불허되고 있다. 이와 더불어 로마 교황청도 북한의 장충성당을 공식적인 성당으로 인정하지 않고 있다. 현재는 북한지역에 상주하는 신부와 수사, 수녀 등 성직자가 없기 때문에 북한 천주교 관계자는 평신도 중심으로 종교 활동을 하고 있다고 밝히고 있다.

〈표 3-11〉 천주교 시기별 활동 내용

시 기	내 용
1988	• '조선천주교인협회' 발족 • '장충성당' 건립 • 북한 내 첫 미사 거행
1991	• 신앙서적 및 기도서 발간

1999	• '조선가톨릭교협회'로 개칭
2003	• 남북 종교인 한국 명동성당에서 3.1민족대회 개최
2006	• 한국 천주교 북한 장충성당 주일학교 건립 지원
2008	• 북한 장충성당에서 평화통일 기원 미사 개최(한국 천주교인 96명 참석)
2009	• 북한 장충성당 보수 및 대북 지원 남북 협의
2010	• '사목권(교황청의 천주교 관련 입법·사법·행정에 관한 제반 권리)' 남북 협의
2011	• 한국주교 북한에 밀가루와 의약품 및 이유식 지원 • '2012 장충성당 건립 25주년 행사' 및 장충성당 보수 등 종교교류 관련 남북 협의
2012	• 「(사)평화3000」은 장충성당에서 통일기원 합동미사 • 「안중근의사기념사업회」가 안중근 의사 유적지를 방문하고 평양 장충성당에서 미사
2013	• 중국 하얼빈에서 '안중근 의사 의거 104주년 기념행사' 개최 • 11.10 장충성당 설립 25주년 기념 합동미사
2014	• 조선카톨릭교협회와 「(사)평화3000」 남북합동 미사 개성에서 논의 • 염수정 추기경 개성공단 방문
2015	• 장충성당 남북공동미사 (2회)
2016-2019	• 남북 공동행사 협의 및 실무 접촉 • 장충성당에서 성탄절 기념 미사 진행
2020-2025	• 특이사항 無

(5) 러시아 정교

러시아 정교는 2000년대 이후 북한의 종교 활동에 새롭게 참가하고 있다. 2002년 8월 김정일 국방위원장이 러시아 극동지역을 순방했을 때 러시아정교회를 방문하여 북한에 성당을 건립하는 문제를 논의하였다. 그 결과 2002년 9월 25일에 러시아 정교회 단체인 '조선정교위원회'를 발족시켰다.[111] 2003년 1월에는 러시아 정교 신부가 평양을 방문하여 성탄절 미사

111) 통일부, 『2008 북한이해』 (서울: 통일부, 2008), p. 237.

를 집전하기도 하였다.

[그림 3-5] 평양 정백사원

◦ 출처: 주북 러시아대사관 페이스북[112)]

2006년 8월에는 평양에 러시아 정교회 성소인 정백사원이 건립되었다.[113)] 정백사원은 평양 락랑구역 정백동에 위치하고 있으며, 건평 350㎡로 신자 500명을 수용할 수 있는 규모이다. 정백사원 완공 후 봉직하기 위하여 2003년 4월에 북한 유학생 4명이 러시아 정교 사제 교육기관인 모스크바 신학교에서 유학하였으며, 2005년 5월에 졸업하였다. 그중 2명은 보좌신부 안수식을 갖고, 같은 해 12월부터 3개월 일정으로 예배집전 연습을 위해 블라디보스토크에 체류한 것으로 알려졌다.[114)]

현재 조선정교의 교직자 수는 5명으로 알려져 있으며, 2011년 12월을 기준으로 모스크바 신학교를 유학한 표도르 김 신부와 요한 라 신부가 정백사원에 봉직하고 있다. 이들 신부는 2011년 12월 26일 김정일 국방위원장 사망 추도미사를 집전하였다.[115)]

---

112) https://www.tongilnews.com/news/articleView.html?idxno=213285
113) 통일부, 『2009 북한이해』 (서울: 통일부, 2009), p. 242.
114) 연합뉴스, “北 첫 러시아정교회 교회당 완공,” (2006.08.13).
115) 연합뉴스, “김정일 사후 평양 러' 정교회 성당서도 추도식,”(2011.12.26).

2010년 이후에도 조선정교위원회는 러시아 정교회와의 교류를 통해 종교활동을 이어가고 있는 것으로 나타나고 있다. 2013년 10월 9일부터 16일까지 러시아 블라디보스토크 교구 이노켄티 주교는 북한 조선정교위원회와 평양 교구의 초청을 받아 방북하여 블라디보스토크 교구 대표단, 평양교구 신부들과 강원도 원산시와 금강산 방문 시 기도를 하고 10월 12~13일에는 평양 정백사원에서 이노켄티 주교는 사반스키 성직자와 2명의 북한 신부와 함께 기도를 한 것으로 나타났다.116) 그리고 러시아의 소리 방송에 따르면 주북한 러시아 대사관 직원들과 체코, 시리아, 중국, 영국의 외교관들이 2013년 크리스마스 때 정백사원에서 기념미사를 가졌다고 전했다.117) 국영 러시아의 소리 방송은 2014년 1월 8일 "정백사원 꾸리기를 완성하는 문제가 토의되고 있다"고 보도했다. 그동안 진척을 이루지 못했던 평양 러시아 정교회 정백사원의 내부 치장작업(사원 내부의 성화 그리기 공사)이 북·러 양국의 경제협력 및 문화교류를 부쩍 강화하는 가운데 진척이 이루어지고 있었다. 2016년 8월 12일 정백사원 준공 10돌 기념행사 참석을 위해 러시아 정교회 해외기관조정위원회 위원장인 안토니 주교를 포함한 러시아 정교회 대표단이 평양을 방문하기도 하였다.118) 2018년에는 조선정교위원회 위원장 김지선이 모스크바를 방문하여 러시아 내 교회를 방문하고 키릴 러시아 정교회 총대주교와 면담을 하였다. 당시 키릴 총대주교의 발언을 통해 지난 2년 동안 4명의 북한 유학생이 하바롭스크 신학교에서 유학 후 안수식을 받은 것으로 알려져 최근에도 북한 유학생들이 러시아 신학교에서 교육을 받고 있는 것으로 보인다.119) 조선정교위원회의 러시아 방문 이후 11월 24일 러시아 정교회 힐라리온 대주교는 평양 도착 후 평양공항에서 조선정교위원회 위원장 김지선과 만남을 가졌다. 그리고 같은 날 저녁 러시

116) "First Orthodox Services Ever in Kumgangsan, North Korea" 『Journey to Orthodox』, (온라인) 2018년 12월 10일. https://journeytoorthodoxy.com/2017/03/first-orthodox-services-ever-kumgangsan-north-korea/

117) 자유아시아방송(RFA), "평양 러시아 정교회 사원 리모델링," (2014.01.08).

118) 통일뉴스, "러시아 정교회 주교 대표단, 12일 평양 도착," (2016.08.13).

119) "Patriarch Kirill meets with chairman of DPRK Orthodox Committee" 『The Russian Orthodox Church Department for External Church Relations』, (온라인) 2018년 12월 10일. https://mospat.ru/en/ 2018/08/28/news163163/

아 정교회 대표단은 정백사원을 방문하여 미사를 집전한 것으로 알려졌다.[120] 2020년 4월에는 코로나바이러스감염증-19로 인해 러시아 연해주 지역 정교회 신자들이 방북은 하지 못하였으나 북한 주재 러시아대사관 관계자 및 가족 참석 하에 평양시 정백사원에서 부활절 성찬예배가 진행되는 등 최근에도 러시아 정교회 활동이 이어지고 있는 것으로 보인다.[121]

최근 북한과 러시아간 협력이 강화되며 2024년 6월 평양을 방문한 푸틴 러시아 대통령은 양국 간 포괄적 전략동반자 관계 조약을 체결했으며, 19일 평양 정백사원을 방문하여 성화(아이콘)를 증정하는 등 종교교류에도 일부분 긍정적 영향을 미치고 있다.[122]

(6) 무속신앙

해방 전 북한에서는 무속신앙이 상당히 활발했던 것으로 알려져 있지만, 공산 정권 수립 이후 북한당국은 무속신앙의 행위를 비과학적인 미신으로 여기고 철저하게 단속하였다. 이에 따라 무당, 점쟁이, 성황당 등 무속 신앙적인 요소들을 찾아볼 수 없게 되었다.

그러나 1990년대 이후 북한 주민들 사이에서는 미신행위가 성행하게 되었는데, 이는 북한의 심각한 경제난으로 인해 북한 주민들이 생활에 위기를 느끼고 심리적으로 매우 불안한 상태에 있다는 것을 반증하는 것이었다.[123] 1990년대 후반에 하나둘씩 생겨나던 점집과 무당이 지금은 평양 한복판에서 일어나고 있으며, 무당이나 굿판은 비사회주의적 현상으로 명백히 불법이지만 이런 현상은 끊이지 않고 있다.

---

120) “Metropolitan Hilarion arrives in Pyongyang” 『The Russian Orthodox Church Department for External Church Relations』, (온라인) 2018년 12월 10일. https://mospat.ru/en/2018/11/24/news167162/

121) 연합뉴스, “코로나19에 北평양 정교회 성당 부활절 '마스크 예배',” (2020.04.20).

122) The Visit of Archbishop Theophan of Korea to Pyongyang had Concluded, https://mospat.ru/en/news/91929/?utm_source=chatgpt.com (검색일 : 2025.09.19)

123) 이필영, “조선 후기의 무당과 굿,” 『정신문화연구』, 제16권, 4호 (서울: 한국정신문화연구원, 1993), p. 12.

김정은 집권 이후에도 북한은 체제 유지의 일환으로 비사회주의 투쟁을 강화하며 미신행위에 대한 단속을 강화하고 있다. 이러한 단속은 비사그루빠, 인민반, 여맹 등과 같은 조직과 사회단체를 통해 이루어지며, 미신행위를 근절하라는 포고령과 정책이 지속적으로 전파되고 있는 것으로 보고된다.[124] 2019년 제정된 군중신고법 제15조에서 미신행위를 신고할 것을 규정하고 있고, 반동사상문화배격법(2022) 제23조에서 미신전파 금지를, 2023년 제정된 인민반조직운영법 제20조에서는 미신행위와 같은 반사회주의, 비사회주의적 현상과의 투쟁을 독려하고 있다. 또한, 이미 형법, 행정처벌법 등을 근거로 미신행위를 처벌해왔음에도[125] 반동사상문화배격법(2022) 제29조에서는 미신전파죄에 대한 법적 책임을 5년 이상 로동교화형에서부터 최대 사형까지 가능하도록 강화하였다. 북한당국의 이러한 단속에도 불구하고 최근 들어 북한에서는 무속적 행위가 점점 성행하고 있는 것으로 알려져 있다. 부적을 소지하고 있거나 관상, 손금, 점을 보는 미신행위가 늘어나고 있을 뿐 아니라, 이와 같은 미신행위가 청소년층까지 확산되고 있어 북한당국은 미신행위 확산 방지에 고심하고 있다.

124) 통일부 『2024 북한인권보고서』 (서울: 통일부, 2024), p.283.

125) 「형법」(2024) 제291조 (미신행위죄) 미신행위를 한 자는 노동단련형에 처한다. 상습적으로 미신행위를 하였거나 미신행위로 엄중한 결과를 일으킨 경우에는 5년 이하의 노동교화형에 처한다. 정상이 무거운 경우에는 5년 이상 10년 이하의 노동교화형에 처한다.

「행정처벌법」(2021) 제 305조 (미신행위) 미신행위를 한 자에게는 벌금처벌 또는 3개월 이하의 노동교양처벌을 준다. 정상이 무거운 경우에는 3개월 이상의 노동교양처벌을 준다.

4. 북한의 종교교류 현황

1) 남·북한 종교교류

(1) 1945~1960년대

남·북한 종교교류는 한반도의 정치 상황과 대외적 환경변화에 따라 영향을 받으면서 이루어졌다. 1945년 남북 분단 이후, 남·북한의 정치·경제·외교 등의 전반적인 부분에서 대치와 분리 현상이 두드러지게 나타났다. 종교 분야에서도 마찬가지로 남·북한 종교계는 상호 간 어떤 접촉이나 교류도 시도하지 않았으며, 이러한 적대적인 관계는 1960년대까지 지속되었다.

(2) 1970년대

1972년 남북적십자회담과 7·4 남북공동성명 발표 등을 계기로 남북 간의 화해 분위기가 조성되었고, 이 시기에 북한의 불교, 기독교, 천도교 등 각종 종교단체가 활동을 재개하였다.[126)]

북한당국은 남한 종교인들과의 통일전선을 강조하며 남한의 종교와 정치적 상황에 관심을 가졌다. 이에 따라 활동을 재개한 북한의 종교단체들은 남한의 정치적 상황을 비난하면서, 남한 종교인들과 종교단체의 민주화 운동에 지지와 성원을 보냈다. 또한 “북의 사회주의 력량과 남의 애국적 민주주의 력량의 대련합”을 실현하여 자주적 통일운동에 나설 것을 요구하는 성명 활동을 시작하였다.[127)]

---

126) 허종호, 『주체사상에 기초한 남조선혁명과 조국통일 리론』 (평양: 사회과학출판사, 1975), pp. 111-114.

127) 로동신문, “조선기독교도련맹 중앙위원회 성명,” (1977.02.07).

(3) 1980년대

1980년대는 북한 종교사에서 주목할 만한 시기였는데, 가장 두드러진 활동을 보인 것은 기독교였다. 기독교인들을 중심으로 남북 종교인들의 대화가 시작되었고, 한국전쟁 이후 처음으로 개신교회와 천주교회가 세워졌다. 1980년대 후반에 북한의 기독교인들은 국제 종교기구 및 남한 종교단체들과의 교류를 통해 정치적 위상과 영향력을 확보해 나갔다.

불교계에서는 1983년 3월 2일에 조불련이 남조선 불교도들에게 보내는 편지를 채택하는 등 남한 불교계와 처음으로 접촉을 시도하였다. 그 후 1988년 1월 10일에는 묘향산 보현사에서 '조국통일기원법회'를 처음으로 개최하였고, 같은 해 5월 5일에는 종전 이후 공식적인 종교행사로 '석가탄신일 기념법회'를 최초로 봉행하였다.[128]

(4) 1990년대

1990년대에 들어서면서 남북 종교단체 간의 교류는 1980년대보다 촉진되었다. 이렇게 교류가 촉진될 수 있었던 이유는 첫째, 남북교류를 법률로써 보장해 주는 남한의 '남북 교류협력에 관한 법률'(1990년 8월 1일)의 제정이었고, 둘째, 북한에서 1994년부터 발생한 심각한 자연재해 때문이었다. 1994년 우박 피해와 1995년 7월과 9월에 발생한 심각한 수해로 북한 정부는 국제사회로부터 경제적 지원을 받게 되었다.

남한 종교계는 북한의 경제 사정이 어려웠던 1990년대에 인도적 차원에서 사랑의 쌀 보내기(1990), 사랑의 의약품 보내기 운동(1991)을 전개한 바 있다. 1995년 남한 종교계는 국제사회의 대북 지원활동에 영향을 받아 북한 지원활동을 적극적으로 전개하였고, 이것은 시민단체의 운동으로 확대되었다.[129]

---

128) 이지범, "북한불교의 역사," 불교닷컴 칼럼(2012.05.01).
129) 김흥수 · 류대영, 앞의 책, pp. 269-270.

1990년대 들어서면서 기독교와 천주교, 불교 중심의 남북 종교교류는 천도교와 대종교, 원불교, 통일교 등으로까지 확대되어 갔다.

(5) 2000년대 이후

a. 남북 종교교류 내용

2000년 이후 남북한 종교교류는 초기의 인도적 지원 사업에서 탈피하여, 기독교 · 천주교 · 불교 · 천도교 등 각 종교와 교단을 중심으로 실질적인 남북한 종교교류 협력에 무게를 두고 활발히 추진되었다. 그 결과 단순히 남북한종교단체 간의 접촉을 넘어, 공동으로 북한종교시설에 대한 복원사업을 추진하는 등 여러 성과를 가져왔다.

2009년도와 2010년도 남·북한 종교 분야 교류는 대규모 행사 위주에서 실무차원의 사업을 협의하는 방식으로 변화되었다. 실무협의도 남북관계 상황 등을 고려하여 새로운 사업을 추진하기보다는 기존 사업의 내실화와 향후 교류사업과 관련한 상호 의견을 교환하는 수준에서 추진되었다.[130]

이 시기에 한국 불교계는 북한의 불교 사찰 복원을 지원하고 있었으며, 사찰 복원은 종교교류의 효과와 함께 북한지역 문화재에 대한 남북한 공동 발굴과 복원의 의미를 함께 갖고 있었다. 또한 한국 종교계의 북한 의료, 보건, 영유아 사업에 대한 지원은 남북관계의 경색 속에서 일정한 성과를 보였다.

그러나 2008년 이명박 정부 등장 이후 남북관계가 전체적으로 경색되면서 종교교류도 일부 영향을 받게 되었다. 특히 2010년 천안함, 연평도 사건 이후 정부가 취한 '5.24 조치'로 남북한 종교교류는 중단되었다. 그러나 2010년 8.15 경축사를 계기로 시작한 「남북공동체 기반조성사업」의 일환으로 한국 정부는 '종교계 통일 기반 조성을 위한 공론화 사업'을 실시하였다. 이 과정에서 종교계는 순수 종교교류의 필요성을 제기하였고, 정부가

130) 통일부, 『2010 통일백서』 (서울: 통일부, 2010), p. 80.

이를 일정 부분 수용함으로써 2011년 하반기에는 남북 종교교류가 부분적으로 재개되었다. 정부는 종단별 형평성과 대표성 등을 고려하면서 순수 종교교류 차원의 방북에 대해서는 일부 허용하였다.[131)]

특히 2011년 9월 21일에는 기독교, 불교, 가톨릭 등 7대 종단 협의체인 '한국종교인평화회의(Korea Conference of Religion for Peace, KCRP)' 소속 대표들이 3박 4일 일정으로 북한을 방문했다. 이들은 평양에서 '민족의 화해와 단합, 평화통일을 위한 남북 종교인 모임'을 갖고, 남북한 종교인 교류를 정례화하기로 합의함과 아울러 통일운동도 적극 벌여나가기로 했다. 한국 종교계의 수장인 7대 종단 대표들이 한꺼번에 방북한 것은 2011년이 처음으로 이들 종교인 방북은 천안함, 연평도 사건 이후 남북관계가 얼어붙은 가운데 이뤄져 경색된 한반도 분위기를 전환시키는 데 일조했다는 평가를 받았다.[132)]

북한의 조선그리스도연맹, 조선종교인협의회, 조선가톨릭교협회, 조선불교도연맹 등 4개 단체가 한국 종교단체에게 2012년 3월 내에 중국에서 남북 종교교류를 갖자고 제의했다. 이에 한국정부가 대북 유연화 조치 차원에서 비정치적 교류인 불교계의 제3국 북한접촉을 허용함에 따라, 2012년 10월에 중국 심양에서 조불연과 한국 불교단체들이 교류협력 사업에 대해 논의를 나눴다.[133)] 또한 2013년 8월 18일~19일 한국의 대한불교 조계종 민족공동체추진본부와 북한 조선불교도연맹 중앙위원회가 중국 심양에서 만나 합동법회를 논의한 결과 2013년 10월 12일 금강산 신계사에서 낙성 6주년 기념 합동법회를 개최하였다.[134)] 2014년과 2016년 사이에 북한 및 제3국에서 진행된 각 종교 별 교류내용을 살펴보면 합동다례제, 남북합동법회, 남북공동기도회, 남북합동미사 등 정부가 순수 사회문화 교류만 허용해왔기에 실질적인 종교교류의 목적을 바탕으로 진행되어 왔음을 알 수 있다.

그러나 2000년 이후 이루어진 남북한 종교교류의 특징을 살펴보면 실질

---

131) 통일부, 『2012 통일백서』 (서울: 통일부, 2012), pp. 113-114.
132) 크리스천투데이, "방북한 7대종단대표, 남북종교인교류 정례화,"(2011.09.27).
133) 데일리NK, "남북 불교계 잇달아 접촉," (2012.10.23).
134) 노컷뉴스, "통일부 조계종 금강산 신계사 방문 허용," (2013.10.11).

적 남북한 종교교류 협력에 무게를 두었던 것과 더불어 국내외 정치적 상황에 의하여 중단과 개시가 반복되고 있는 것으로 나타나고 있다.

최근 남북한 종교교류 현황을 교류 지속 여부와 관련해서 살펴보면 2016년 상반기 이후부터 남북한 종교단체의 교류는 국내외 상황에 영향을 받아 경색되기 시작하였다. 2016년 이후 북한 종교단체 교류 경색의 첫 번째 이유는 2016년 3월 이후 유엔 안전보장이사회에서 북한의 핵실험과 로켓 발사에 대응해 대북제재 결의안이 채택되는 과정에서 한국이 찬성표를 던졌기 때문이라고 볼 수 있다. 유엔 안전보장이사회는 2016년 3월에 무기거래, 북한 행·발 항공과 선박 화물에 대한 전수조사 시행 등 북한 해운 및 항공운송에 대한 제재, 금융거래 제재, 석탄과 철, 철광 등 광물에 대한 수출금지 조치 등의 내용이 포함된 대북제재 결의 2270호를 채택하였고, 11월에는 대북제재 결의 2321호, 2017년 6월에는 대북제재 결의 2356호, 8월에는 대북제재 결의 2371호를 만장일치로 채택하였다.[135] 이후 북한은 채택된 대북제제 결의안에 대한 불만을 남북한종교단체 교류 논의과정에서도 표출하였고 이는 남북한 종교교류에 있어 부정적인 영향을 미쳤다. 특히, 2017년 6월 2일 통일부는 한국종교인평화회의, 한국기독교연합사업유지재단, 평화 3000, 단군민족평화통일협의회, 대한불교조계종 민족공동체추진본부, 천태종 나누며 하나되기를 포함한 6개 종교단체의 종교교류를 위한 접촉을 승인하였으나[136] 북한은 이 단체들의 방북을 거부하였다.[137]

또한, 2017년 7월 한국기독교교회협의회와 북한 조선그리스도교연맹은 독일 라이프치히에서 만나 8·15 남북공동기도회 개최를 위한 논의를 진행하기 위해 교류가 진행되었으나 당시 북한 조선그리스도교연맹은 한국 정부의 대북제재에 대한 입장에 대해 문제를 제기하고 한국 정부의 대화 의지 여부에 대한 의구심 및 대화와 제재는 병행될 수 없다는 입장을 전달하는 등 직접적으로 대북제제 및 한국 정부의 태도에 대한 불만을 표시하였다.

---

135) "결의안." 『유엔안전보장이사회 부속기구』, (온라인) 2017년 10월 15일. https ://www.un.org/sc/suborg/en/sanctions/1718/resolutions

136) 연합뉴스, "종교단체 6곳 대북접촉 승인…종교교류 본격화 기대감," (2017.06.02).

137) 동아일보, "北, 인도지원엔 침묵… 종교단체 방북은 거부," (2017.06.03).

당시 이러한 상황으로 인해 북한 조선그리스도교연맹은 8·15 남북공동기도회 개최에 대한 확실한 입장을 밝히지 않아 이후 공동기도회 개최는 이루어지지 않았다.[138)]

2016년 이후 남북한종교단체 교류 경색의 두 번째 이유는 한국과 미국의 협의를 바탕으로 '북한의 위협에 대응하기 위해' 2017년 4월과 9월에 경상북도 성주군에 배치된 고고도미사일 방어체계(사드: Terminal High Altitude Area Defense(THAAD))에 대한 북한의 입장으로 북한 정부의 입장이 남북한 종교교류에도 영향을 미치면서 비롯되었다. 북한은 사드 배치 후 비난 성명을 발표하였고, 2017년 8월 종교단체인 조선종교인협의회를 통해서도 한국의 사드 배치를 비난하는 등[139)] 사드 배치에 대한 불편한 심기를 나타내었다.

2018년 1월 북한의 평창 동계올림픽 참가 및 4월 27일 판문점에서 진행된 남북한 정상회담 이후 남북한 관계가 개선되면서 남북한종교단체들은 종교교류 활성화를 기대하기 시작하였다. 하지만, 남북 종교교류는 대북제재, 그리고 남북정상회담 및 북미정상회담의 무산 및 연기 상황에 영향을 받으며 진행될 수밖에 없어 남북 종교교류는 제한적으로 이루어졌다. 그렇기 때문에 2018년부터 2019년까지 진행된 남북 종교교류 내용을 살펴보면 2019년 2월 대한불교 조계종이 금강산 신계사에서 남북공동 반야심경을 봉독한 것을 제외하고 다양한 종교교류 및 공동행사개최에 대한 논의를 위해 서신 발송과 더불어 태국 및 중국 등 제3국에서 만남이 진행되었으나 실질적으로 공동행사가 진행된 경우는 드문 것으로 나타나고 있다.

이러한 남북한 종교교류는 2019년 하반기부터 2025년 현재까지 남북관계가 경색되면서 완전히 중단되었다. 일례로, 1989년부터 매년 광복절에 평화통일을 기원하는 남북 공동기도문을 발표해온 조선그리스도교연맹과 한국기독교교회협의회는 2020년 이후 더 이상 발표하지 않고 있으며[140)], 한

138) 헤럴드경제, "8·15 남북공동기도회 사실상 무산…北측 "제재 풀어라"," (2017.07.12).
139) 연합뉴스, "北, 종교단체 내세워 사드 비난…"민족우선 정책으로 전환해야"," (2017.08.03).
140) 국민일보, "남북공동기도문 5년 째 무산..NCCK 회원교단 한반도 평화 선택해야," (2024.08.11).

국종교인평화회의도 남북 종교교류를 위한 서신을 2020년 초에 발송하였지만 이에 대한 답신을 받지 못하면서 서류를 통한 교류도 중단된 것으로 나타난다.141)

이에 더해, 조선종교인협의회, 조선불교도연맹, 조선그리스도연맹, 조선가톨릭교협회, 조선천도교회 중앙위원회는 한국 정부를 비난하는 격문142)을 내는 등의 활동에 참여하고 있어143) 경색된 남북관계는 남북 종교교류에 장애가 되고 있는 것으로 보이고 있다. 2001년부터 2025년까지 이루어진 남북한종교단체 간의 자세한 종교교류 현황은 〈표 3-12〉에 정리되어 있다.

〈표 3-12〉 2000년 이후 주요 종교단체 교류 현황

연도	종교단체명	교류협력내용
2001	천도교	‣남북공동행사 등 북한 천도교 차원의 기념식 공동 개최(천도교 중앙총부 김철 교령)
	기독교	‣평양신학원 재개원 및 운영 지원(대한감리회 서부연회)
2002	기독교	‣평양과학기술대학교 착공(새에덴교회)144)
2003	불교	‣북한 내 사찰 단청불사 및 관련 부대행사(대한불교 조계종)
	기독교	‣조선그리스도연맹 교육관 및 평양신학원 신축(대한예수교장로회 총회)
2003	천주교	‣조선가톨릭교협회 대표단 명동성당 방문
2004	불교	‣금강산에서 남북공동기도회 개최 ‣금강산 신계사 복원 착수(대한불교 조계종)
2005	불교	‣개성 영통사 복원 완공(대한불교 천태종)
	기독교	‣평양 제일교회 건립(대한예수교장로회총회)

141) 서울신문, "'30년 전통' 공동기도문 결국⋯남북 관계 불만 그대로 반영됐나," (2020.08.17).
142) 통일뉴스, "북 종교협회들, '반보수·적폐청산 투쟁' 촉구 격문 발표," (2019.11.16).
143) 리버티코리아포스트, "종교의 탈을 쓴 북한 대남선동 전사들, 황천의 지름길을 택하나 북, 종교단체 동원 자유한국당, 전광훈 목사 때리기 집착 천도교, 천주교, 기독교 단체들 동원해 연일 격문 "촛불민심" 거론하며 진보단체들 결속 간절히 구걸," (2019.11.25).

		‣북한 성경 및 찬송가 제작 자재 지원(대한예수교장로회총회) ‣왜성사과과수원 조성사업 지원(대한예수교장로회총회) ‣평양신학원 운영 지원(대한감리회서부연회) ‣평양 봉수교회 및 선교 교육관 재건축((사)기쁜소식) ‣북한 봉수 빵공장 냉동설비 설치(동북아한민족협의회)
2006	불교	‣조선불교도연맹 전국신도회 금강산에서 남북불교도합동법회 개최(대한불교 조계종 중앙신도회)
2006	기독교	‣평양 봉수교회에서 남북합동예배 거행: 한국 종교인 91명 방북(11.29)
2006	천주교	‣북한 장충성당 내 주일학교 건립 지원(천주교 서울대교구)
2007	한국종교인평화회의	‣평양에서 조선종교인협의회와 남북 종교교류 10주년 공동행사 개최(한국종교인평화회의)
2007	불교	‣금강산 신계사 복원 완공(대한불교 조계종) ‣개성 영통사 성지순례사업(대한불교 천태종)
2007	기독교	‣평양에 조용기 심장전문병원 건립 추진(여의도순복음교회) ‣평양과학기술대학교 개교 준비
2007	천주교	‣조선가톨릭교협회와 지원 협력 협의(천주교 서울대교구 민족화해위원회)
2008	불교	‣북한 사찰 복원 및 인도적 지원 사업 지속
2008	기독교	‣조선그리스도교연맹과 평양 봉수교회에서‘평화통일 남북교회 기도회’개최(한국기독교교회협의회) ‣인도적 지원 사업 지속
2008	천주교	‣북한 장충성당에서 평화통일 기원미사 개최(96명 참석) ‣인도적 지원 사업 지속
2009	천도교	‣3.1절, 8.15, 개천절 등을 계기로 남북 공동성명 발표(단군민족평화통일협의회)
2009	불교	‣금강산 신계사에서‘신계사 낙성 2주년 기념 남북공동법회’개최(대한불교 조계종) ‣개성 영통사에서‘대각국사 의천 열반 다례법회’개최(대한불교 천태종)

	기독교	▸평양과학기술대학교 건물 준공식 및 공동 총장 임명
	천주교	▸북한 장충성당 보수 및 대북 지원에 대한 협의
2010	불교	▸조선불교도연맹 대표단과 회담: 해외에 반출된 문화재 반환 사업 협의(대한불교 조계종) ▸평양 용화사, 법운암, 묘향산 보현사 등 사찰 순례(대한불교 조계종)
	기독교	▸북한 내 한국 성경 보급 문제 협의((사)기쁜소식) ▸평양 봉수교회 운영 상황 점검(새에덴교회) ▸평양과학기술대학교 개교(새에덴교회)
	천주교	▸북한 장충성당 보수 협의 및 조선가톨릭교협회와 '사목권(교황청의 천주교 관련 입법·사법·행정에 관한 제반 권리)' 협의
2011	한국종교인평화회의	▸한국종교인평화회의 의장단 방북: 조선종교인협의회, 조선그리스도교연맹, 조선불교도연맹, 조선천도교 중앙지도위원회와 남북한 종교인 교류 합의
	천도교	▸조선천도교 중앙위원회 교당에서 '남북합동시일식' 봉행(천도교 종무원장 이범창) ▸실무접촉을 통해 남북 민족종교 간 교류문제 논의(단군민족평화통일협의회)
	불교	▸조선불교도연맹과 묘향산 보현사에서 '팔만대장경 판각 1천년 기념 고불법회' 거행(대한불교 조계종) ▸금강산 신계사에서 낙성 4주년 기념 법회 개최(대한불교 조계종) ▸조선불교도연맹 중앙위원회와 개성 영통사 복원 6주년 기념 및 '대각국사 의천 910주기 열반 다례제' 개최(대한불교 천태종) ▸평양에서 남북 종교인 모임 및 공동성명 발표 ▸약탈 문화재 환수 실무협의 관련 개성 방문(대한불교 조계종)
	기독교	▸조선그리스도교연맹과 '한반도 평화를 위한 기도회' 개최(한국기독교교회협의회) ▸봉수교회 및 칠골교회 방문하여 남북 종교교류 협력방안 논의(한국기독교교회협의회)
	천주교	▸북한에 밀가루와 의약품 및 이유식 지원(천주교 한국카리타스)

		▸북한 장충성당 방문(한국종교인평화회의 대표 김희중 대주교 및 민족화해위원회) ▸조선가톨릭교협회와 '2012 장충성당 건립 25주년 행사' 및 장충성당 보수 등 종교교류 관련 협의 진행(천주교 서울대교구 민족화해위원회)
2012	천도교	▸분단 이후 최초 일본 규탄 성명 남북 천도교 공동 발표 ▸천도교청우당 중앙위원회와 '10.4 공동선언 이행 촉구 남북공동호소문' 채택(동학민족통일회)
	불교	▸서울 조계사와 평양 광법사에서 동시에 '조국통일기원 8 · 15 남북불교도 동시법회' 봉행(대한불교 조계종) ▸금강산 신계사에서 낙성 5주년 기념 조국통일기원 남북합동법회 봉행(대한불교 조계종) ▸중장기 남북 불교교류 활성화 방안 협의: 평양 지역의 불교유적 발굴·복원, 평양불교회관(가칭) 건립, 북한의 불교문화재 공동 전수 조사 방안 등 논의(대한불교 조계종) ▸개성 영통사 '대각국사 다례제 및 영통사 낙성 7주년 합동법회' (대한불교 천태종) ▸금강산을 성지로 규정하는 내용 논의(대한불교 원불교)
	기독교	▸중국 심양에서 조그련과 남북 공동기도회 개최와 세계교회협의회(WCC) 부산총회 참여 논의(한국기독교교회협의회) ▸조그련과 8.15 '평화통일 남북공동기도주일'연합예배 진행(한국기독교교회협의회) ▸대북수해복구 지원 밀가루 154톤 조그련에 전달(한국기독교교회협의회) ▸조용기 평양심장전문병원 건립 재개 및 준공식 개최 예정(여의도순복음교회) ▸평양에서 남북 합동미사 거행(평화3000) ▸평양에서 1백주년 기념대회 개최(평북노회)
	천주교	▸대북수해복구 지원 밀가루 및 의약품 전달(민족화해협력범국민협의회, 대북협력민간단체협의회) ▸평양 장충성당에서 성탄절 축일 미사 거행 합의(안중근 의사 기념사업회)

		▸조선가톨릭교협회 장재언 위원장과 안중근 의사 추모 공동행사 및 생가 복원 사업 재개 합의(안중근 의사 기념사업회)
2013	천도교	▸남북관계 악화로 인해 실질적인 종교교류 전무
	불교	▸8월 18-19일 중국 심양에서 대한불교 조계종 민족공동체추진본부(민추본)과 북한 조선불교도연맹(조불련) 중앙위원회와 합동법회 논의(대한불교 조계종) ▸8월 21일-22일 중국 심양에서 진각종대표단과 조불련 중앙위원회와 남북 불교 교류 실무 회담(대한불교 진각종) ▸10월 12일 조계종 금강산 신계사 낙성 6주년 기념 합동법회 봉행(대한불교 조계종) ▸11월 7일 영통사 낙성 8주년 및 대각국사 의천 912주기 열반다례재 남북합동법회(대한불교 천태종)
	기독교	▸10월 14일 중국 심양에서 북한 조선그리스도연맹의 초청으로 한국 기독교교회협의회의 만남 성사(한국기독교교회협의회) ▸8.15 ‘평화통일 남북공동기도주일’ 기도문 합의(한국기독교교회협의회)
	천주교	▸6월 파주 남북합작 성당 건립 완공. ▸11월 10일 장충성당 설립 25주년 기념 합동미사.
2014	천도교	▸7월 31일 개성에서 동학혁명 120주년 공동행사 논의 ▸10월 3일 평양 단군릉에서 개천철 남북 공동기념행사 개최.(천도교, 단군민족평화통일협의회)
	불교	▸3월 중국 심양에서 만해스님 열반 70주기 기념 합동다례제 및 학술토론회 개최 관련 협의(대한불교 조계종) ▸3월 중국 심양에서 영통사 낙성 9주년과 의천 대각국사 913주기 열반 다례재 남북 합동 법회, 개성 영통사·관음사·인화사 3사 순례 추진, 영통사 복원 공덕비 조성 제안(대한불교 천태종) ▸6월 29일 만해스님 열반 70주기 남북공동행사(대한불교 조계종) ▸10월 13일 금강산 신계사 복원 7주년 남북합동법회(대한불교 조계종) ▸11월 6일 영통사 낙성 9주년기념 조국통일기원 및 의천 대각국사 913주기 열반 다례재 남북불교도합동법회 협의(대한불교 천태종)

		▸11월 7일 북한 조선불교도연맹과 실무협의(원불교) ▸11월 26일 영통사 낙성 9주년 기념 및 대각국사 의천 스님 913주기 열반다례재 남북불교도합동법회(대한불교 천태종)
	기독교	▸6월 17일-19일 스위스 제네바에서 한국 기독교교회협의회와 북한 조선그리스도연맹 만남 성사. (한국기독교교회협의회) ▸8월 15일 평양 봉수교회에서 8·15 남북공동기도회 개최.(한국기독교교회협의회) ▸10월 14일 평양 봉수교회에서 남북 공동 조국평화통일기원 기도회 개최(조국평화통일협의회)
	천주교	▸5월 18일-19일 중국 심양에서 북한 조선천주교협의회, 한국 천주교 주교회의와 서울대교구 민족화해위원회의 한반도 평화기원 미사관련 만남 성사 ▸8월 7일 개성에서 남북합동 미사 논의(평화 3000) ▸11월 19일 중국 베이징에서 남북한 천주교 신앙대회 관련 논의(민족화해위원회)
2015	천도교	▸11월 9일 한국종교인평화회의 남북종교인모임 참석
	불교	▸3월 26일 중국 심양에서 부처님오신날 남북합동법회 관련 논의(대한불교 조계종) ▸3월 28일 중국 심양에서 영통사 복원 10주년 기념 평화통일기원대법회, 대각국사 의천 스님 914주기 열반다례재 등 관련 논의(대한불교 천태종) ▸3월 30일 중국 심양에서 진각종 창종 70주년 기념 남북공동법회 봉행 제안(대한불교 진각종) ▸10월 2일 금강산 신계사 복원 8주년 기념 조국통일기원 남북불교도합동법회 실무회담(대한불교 조계종) ▸10월 3일 개성 영통사 복원 10주년 기념법회 관련 실무협의 진행(대한불교 천태종) ▸10월 15일 금강산 신계사 낙성 8주년 기념 조국통일기원 남북불교도 합동법회(대한불교 조계종) ▸11월 3일 개성 영통사 복원 10주년 기념 평화통일기원 남북합동법회(대한불교 천태종) ▸11월 9일 한국종교인평화회의 남북종교인모임 참석

	기독교	▸5월 14일-16일 중국 심양에서 한반도 평화를 위한 국제협의회 관련 논의(한국기독교교회협의회) ▸10월 23일-30일 한반도 평화통일 개발협력을 위한 에큐메니컬 포럼 진행(한국기독교교회협의회) ▸11월 9일 한국종교인평화회의 남북종교인모임 참석
	천주교	▸10월 23-27일 평양 장충성당 남북공동미사 ▸11월 9일 한국종교인평화회의 남북종교인모임 참석 ▸12월 1-4일 평양 장충성당 남북공동미사 및 평양 장충성당 보수 및 교류 관련 논의
2016	천도교	▸남북관계 악화로 실질적인 종교교류 미진
	불교	▸남북관계 악화로 실질적인 종교교류 미진
	기독교	▸2월 28일-29일 중국 심양에서 북한 조선그리스도연맹과의 실무회담 진행(한국기독교교회협의회) ▸6월 9일 중국 심양에서 북한 조선그리스도연맹과의 실무회담 진행.(한국기독교교회협의회)
	천주교	▸남북관계 악화로 실질적인 종교교류 미진
2017	천도교	▸남북관계 악화로 실질적인 종교교류 미진
	불교	▸남북관계 악화로 실질적인 종교교류 미진
	기독교	▸7월 독일 라이프치히에서 북한 조선그리스도연맹과의 8·15 남북공동기도회 개최 논의(한국기독교교회협의회)
	천주교	▸남북관계 악화로 실질적인 종교교류 미진
2018	천도교	▸종교 교류 관련 실무 접촉
	불교	▸6월 2일-6일 금강산 유점사 복원문제 협의 및 종교교류 위한 천담스님 평양 방문. ▸11월 1일 중국 심양에서 북한 사찰 복원사업, 신계사 현황 점검 관련 논의(대한불교 조계종) ▸11월 2일 중국 심양에서 의천 대각국사 열반 다례재 합동법회 관련 논의(대한불교 천태종)
	기독교	▸3월 26일 부활절 공동기도문 발표(한국기독교교회협의회) ▸6월 23일 스위스 제네바에서 한반도 평화대회 개최 합의 및 한반도 평화프로세스 논의(한국기독교교회협의회, 세계교회협의회)

	천주교	▸종교 교류 관련 실무 접촉
2019	한국종교인평화회의	▸8월 19일~24일 독일 린다우에서 한국종교인평화회의 대표단 16명과 조선종교인협의회 4명(회장 강지영 조선가톨릭교협회장)이 만나 한반도 평화 조성을 위한 교류
	천도교	▸9월 조선천도교회 중앙지도위원회의 천도교청년회 창립 100주년 연대사 발송(천도교청년회)
	불교	▸2월 12일-13일 금강산 신계사에서 한반도 평화 발원을 위한 남북공동 반야심경 봉독(대한불교 조계종)
	기독교	▸7월 9일-12일 태국 방콕에서 열린 '한반도 에큐메니칼 포럼'에서 조선그리스도교련맹과 한반도 평화와 통일, 개발협력, 교류를 위한 논의(한국기독교교회협의회, 세계교회협의회) ▸8월 15일 조선그리스도교련맹과 2019년 한반도 평화통일 남북공동기도문 합의(한국기독교교회협의회) ▸12월 1~4일 중국 선양에서 열린 '한반도 에큐메니칼 포럼' 운영위원회 회의에서 조선그리스도교련맹과 교류를 위한 논의(한국기독교교회협의회)
	천주교	▸종교 교류 관련 실무 접촉
2020	천도교	▸남북관계 악화로 실질적인 종교교류 미진
	불교	▸1월 1일 조선불교도연맹의 새해 축하 서신 발송(대한불교 조계종, 대한불교 천태종) ▸남북관계 악화로 실질적인 종교교류 미진
	기독교	▸남북관계 악화로 실질적인 종교교류 미진
	천주교	▸남북관계 악화로 실질적인 종교교류 미진
2021~2024	천도교	▸남북관계 악화로 실질적인 종교교류 미진
	불교	▸남북관계 악화로 실질적인 종교교류 미진
	기독교	▸ 2022년 여의도순복음교회가 유엔 안보리에 신청한 대북 지원 사업에 대해 제재 면제 신청이 승인되어 평양심장전문병원 건립을 위한 건축 자재와 의료 장비를 북한에 반입할 수 있게 됨. 그러나 코로나19와 경색된 남북 관계로 인해 건축 재개 추진이 중단
	천주교	▸남북관계 악화로 실질적인 종교교류 미진

144) 남북한 및 해외 기독교인들의 협력으로 설립하는 최초의 대학인 '평양과학기술대

◦ 출처: 2007-2014 국감자료(통일부), 2012-2025 통일백서(통일부), 2008-2014 남북교류협력동향(통일부), 『남북관계 현황 참고자료』 (통일부, 2009), 통일부 홈페이지 교류협력자료 등 관련 자료 재정리. 한겨레, 세계일보, 연합뉴스, 서울신문, 서울 경제, 데일리NK, 뉴시스, 크리스천투데이, 노컷뉴스, 천지일보, 법보신문, 불교신문, 불교닷컴, 통일뉴스, 국민일보 등 기사 재정리

[그림 3-6] 팔만대장경 판각 1천년 기념 남북 합동 고불법회

◦ 출처: 불교닷컴

b. 남북 종교 인적교류 현황

종교 분야에서의 방북은 1989년 6월 12일 『남북교류협력에 관한 기본지침』 시행 이후 2025년까지 총 491건(9,895명)이 이루어진 것으로 추정된다.[145] 지금까지 한국 종교 인사들의 방북 기록을 살펴보면 기독교, 천주

학'은 2002년 6월에 평양시 락랑구역 승리동 일대에 착공되어 2008년에 개교 예정이었으나, 남북한 관계의 변화로 2010년 10월 개교하였다. 평양과학기술대학은 북한 정권이 들어선 이래 처음으로 이뤄지는 교육 개방이라는 측면에서 큰 의의가 있으며, 남북한 종교교류의 큰 성과물로서도 그 의미가 크다.

145) 통일부 간행물 월간남북교류협력동향에서 연도·월별 자료 취합하여 합산한 결과와 언론기사 참조.

교, 불교, 원불교 등 각 종교별로 다양하게 이루어지고 있으나, 기독교의 방북 비율이 높게 나타나고 있다.

2008년에는 불교계의 사찰 복원과 관련된 방문 외에도 평양 봉수교회 헌당예배(157명), 평화통일기원 기도회(99명), 장충성당 미사(96명) 등 대규모 남북 공동기도회가 개최되었다. 2009년에는 남북 종교인 교류가 15건이 성사되어 이를 통해 103명이 북한을 방문한 바 있다. 2010년 한국 종교인의 북한방문은 그 전해와 같은 15건이 성사되었지만, 방문 인원은 감소되어 77명이 북한을 방문한 것으로 나타났다. 2011년 한국 종교인의 북한방문은 13건이 성사되었지만, 총인원은 133명으로 증가하였다. 한편 2012년 한국 종교인의 북한방문은 전년보다 감소한 8건으로, 총 77명이 북한을 방문하였다. 이들 중 38명은 개성에, 19명은 평양에, 그리고 20명은 금강산에 각각 방문하였다. 하지만 2013년 상반기에는 남북관계가 악화되어 한국 종교인의 북한방문이 이루어지지 않았으나 2013년 처음으로 10월 12일 조계종 공동체추진본부장 지홍 스님 등을 비롯한 20명이 금강산 신계사 낙성 6주년 기념합동법회 개최를 위해 금강산을 방문하였다.[146] 이후 11월 7일 영통사 낙성 8주년 및 대각국사 의천 912주기 열반 다례재 남북 합동법회를 위해 천태종 장영덕 총무원장을 포함한 21명이 북한 개성을 방문하였다.[147] 천주교 역시 11월 9일부터 13일까지 박창일 신부 등 12명의 가톨릭 관계자들이 북한을 방문한 가운데 평양 장충성당 설립 25주년 기념 미사를 봉헌하였다.[148] 이러한 종교 활동을 위해 총 53명의 한국 종교 관계자들이 북한을 방문하였다.

2014년은 총 10건의 한국 종교인의 방북이 이루어져 총 181명이 종교행사 공동 개최 및 논의를 위해 북한을 다녀왔다. 또한 북한뿐만 아니라 중국 베이징, 심양, 스위스 제네바에서 총 20회의 논의가 진행되어 남북한 종교인들의 종교교류를 위한 활동이 이루어졌다.[149]

146) 한국일보, “남북불교, 금강산 신계사서 통일기원 법회” (2013.10.13).
147) 통일부, 『남북교류협력동향 2013년 11월호』 (서울: 통일부, 2013).
148) 통일부, 『남북교류협력동향 2013년 11월호』 (서울: 통일부, 2013).
149) 통일부, 『2015 통일백서』 (서울: 통일부, 2015).

2014년 6월 29일 금강산 신계사 대웅전에서 개최된 '만해스님 열반 70주기 남북합동다례제'에 대한불교조계종 민족공동체추진본부장 지홍스님을 포함한 총 30명 참석을 시작으로 10월 13일 금강산 신계사 복원 7주년 남북합동법회 대한불교조계종 30명 참석,[150] 11월 6일 영통사 낙성 9주년기념 조국통일기원 및 의천 대각국사 913주기 열반 다례재 남북불교도합동법회 협의를 위해 대한불교 천태종 관계자 4명 개성 방문, 11월 7일 북한 조선불교도연맹과의 실무협의를 위해 원불교 4명 개성 방문,[151] 11월 26일 영통사 낙성 9주년 기념 및 대각국사 의천 스님 913주기 열반다례재 남북불교도합동법회참석을 위해 대한불교 천태종 관계자 30명이 개성을 방문하였다.[152]

또한 기독교의 경우 북한이 아닌 스위스 제네바에서 한국과 북한 기독교 관련 기관 대표들의 만남이 이루어졌는데 이는 6월 17일~19일 세계교회협의회의 '한반도 정의, 평화와 화해에 관한 국제회의'에 한국기독교교회협의회(NCCK)와 조선그리스도교연맹 대표가 참석하면서 성사되었다. 특히 이번 만남은 강명철이 2013년 7월 조선그리스도연맹 4대 위원장이 된 후 한국기독교교회협의회와 처음으로 만남이 이루어진 것으로 의미를 갖는다.[153] 이후 8월 15일 평양 봉수교회에서 개최된 8·15남북공동기도회 참석을 위해 한국기독교교회협의회 관계자 19명이 평양을 방문하였고[154] 10월 16일 남북공동 조국평화통일기원 기도회 개최를 위해 조국평화통일협의회 관계자 18명이 평양 봉수교회를 다녀왔다.[155]

아울러, 2014년 7월 30일 김인환 천도교 중앙총부 종무원장을 포함한 4명의 한국 천도교 관계자와 류미영 조선천도교교회 위원장 및 북한 관계자들과 북한 개성 시내에서 만나 동학혁명 120주년 기념행사에 대한 논의가 이루어졌다.[156] 10월 13일에는 2005년 이후 9년 만에 평양 단군릉에서

150) 연합뉴스, "통일부, 금강산 신계사 13일 남북 합동법회 승인" (2014.10.10).
151) 뉴시스, "영통사 낙성 9주년 기념 통일기원" (2014.11.05).
152) 이데일리, "통일부, 천태종 남북합동법회 참석차 방북 승인" (2014.11.25)
153) 헤럴드경제, "불교, 기독교 등 남북 종교계 잇딴 만남" (2014.06.29).
154) 뉴시스, "한국기독교교회협의회, 광복절 평양서 남북공동기도회" (2014.08.12)
155) 뉴시스, "정부, 기독교단체 방북 허가...남북공동기도회 참가" (2014.10.14)

열린 개천절 남북 공동 행사 참석을 위해 김인환 천도교 중앙총부 종무원장과 김삼렬 단군민족평화통일협의회 상임대표를 포함한 총 36명이 평양을 방문하고 돌아왔다.[157]

천주교의 경우 2014년에는 남북공동천주교행사가 개최되지는 않았으나 5월 18일부터 19일 양일간 중국 심양에서 진행된 북한 조선가톨릭교협회, 한국 천주교 주교회의와 서울대교구 민족화해위원회의 한반도 평화 기원 미사 관련 논의를 시작으로 8월 7일 조선가톨릭교협회와 남북 합동미사 협의를 위해 박창일 신부를 포함한 총 6명이 개성을 방북하였고[158] 11월 19일 중국 베이징에서 조선카톨릭교협회 및 남한 천주교 관계자들이 만나 남북한 천주교 신앙대회 추진을 위한 논의가 이루어지는 등 지속적인 교류를 유지하고 있다.[159]

2015년은 8월 25일 '남북, 다양한 분야 민간 교류 활성화'를 포함한 합의문이 발표된 이후 한국 종교인의 방북이 활발히 이루어지기 시작하였다. 2015년 합의문 발표 이후 총 17건, 354명의 한국 종교인의 방북이 이루어져 종교행사 공동 개최 및 논의가 진행되었다. 불교의 경우 중국 심양에서 남북합동법회 관련 논의가 이루어진 후 이를 바탕으로 10월 15일 금강산 신계사 복원 8주년 남북합동법회[160] 및 11월 3일 개성 영통사 복원 10주년 기념 평화통일 기원 남북합동법회 참석을 위한 불교인들의 방북이 이루어졌다.[161]

기독교 역시 5월 16일 중국 심양에서 이루어진 협의를 바탕으로 10월 23일부터 30일까지 평양에서 진행된 한반도 평화통일 개발 협력을 위한 에큐메니컬 포럼 참석을 위해 세계교회협의회와 김영주 한국기독교교회협의회 총무 등이 방북하였다. 방북 당시 강명철 조선그리스도연맹 위원장과 남북교회의 교류 강화를 위한 면담이 있었다.[162]

---

156) 연합뉴스, "남북 천도교, 개성서 공동행사 협의" (2014.07.30).
157) 연합뉴스, "통일부, 금강산 신계사 13일 남북 합동법회 승인" (2014.10.10)
158) 통일뉴스, "평화3000, 남북 합동미사 협의 차 개성 방북" (2014.08.06)
159) 가톨릭뉴스, "내년 남북한 천주교 신앙대회 추진" (2014.11.28)
160) 금강신문, "남북불교도, 신계사 낙성 8주년 합동법회" (2015.10.16).
161) 세계일보, "천태종, 11월 3일 개성 영통사서 10주년 기념법회" (2015.10.05).

천주교는 10월 23일부터 27일 북한 조선가톨릭교회협회 초청으로 김인국 천주교정의구현사제단 대표를 포함한 12명의 방북이 이루어졌다. 방북 기간 동안 평화통일 기원 미사 참석을 위해 평양 장충성당을 방문하는 등 평양 내 천주교 관련 시설 방문도 함께 진행되었다.[163] 그리고 12월 1일부터 4일까지 한국천주교주교회의 민족화해주교특별위원회 의장 김희중 대주교를 포함 17명이 방북하여 북한 천주교 신자 70여 명과 함께 평양 장충성당에서 미사를 봉헌한 후 조선가톨릭교협회 관계자들과의 협의를 통해 평양 장충성당에서 지속적으로 주요 대축일에 미사 봉헌이 진행될 수 있도록 천주교 서울대교구에서 사제 파견 및 남북 신자 교류가 추진될 수 있도록 논의가 이루어졌음을 밝혔다.[164]

하지만 2016년은 1월 4차 핵실험을 시작으로 9월 5차 핵실험, 8차례 미사일 발사로 인해 남북관계가 경색 국면에 접어들면서 한국종교단체의 종교교류를 위한 방북은 이루어지지 않았다. 또한, 북한에 대한 강도 높은 제재가 이어지면서 남북 종교교류를 위한 서신 교류 및 제3국에서의 실무협의 진행이 2015년에 비해 활성화되고 있지 않은 상황이다.

2017년 역시 북한의 핵실험과 대북제재로 인해 한국종교단체의 방북은 전무하였다. 그러나 2018년은 북한의 평창올림픽 참가와 더불어 판문점 정상회담 이후 남북대화를 통해 관계가 완화되면서 남북한 종교교류도 영향을 받아 실무협의가 진행되기 시작하였다. 북한의 초청을 받아 6월 2일 ~ 6일까지 금강산 유점사 복원 및 종교교류를 목적으로 천담스님이 평양을 방문하면서[165] 3년 만에 이루어진 한국 종교인의 방북을 시작으로 다양한 종교단체의 방북 관련 협의가 진행되었다.

그리고 한반도가 아닌 제3국에서 이루어진 남북종교교류 현황을 살펴보면 불교의 경우 11월 1일 대한불교 조계종은 조선불교도연맹 중앙위원회를

---

162) 국민일보, "북한교회, 세계교회와 교류 증진 의지 확고했다" (2015.11.02).

163) 연합뉴스, "천주교정의구현사제단 평양 종교행사 참석…7년만의 방북" (2015.10.27).

164) 뉴시스, "천주교주교회의, "나흘간 방북 통해 민족 화해와 교류 협력 증진"" (2015.12.08).

165) 한경닷컴, "문재인 정부 첫 민간인 방북 승인 … 평양 방문할 천담스님은 누구?" (2018.05.31).

중국 심양에서 만나 북한 사찰 복원사업, 신계사 현황 점검 관련 논의를 하였다. 대한불교 천태종 역시 11월 2일 조선불교도연맹 중앙위원회와 북한 사찰 복원사업, 신계사 현황 점검 관련 등 논의가 진행되었다.[166] 기독교의 경우 3월 26일 한국기독교교회협의회와 조선그리스도교연맹은 부활절 공동 기도문을 발표하였고,[167] 6월 23일 한국기독교교회협의회, 세계교회협의회와 조선그리스도교연맹은 한반도 평화대회 개최 합의 및 한반도 평화 프로세스에 대한 논의를 스위스 제네바에서 진행하였다.[168] 하지만 이렇듯 다양한 종교교류에 대한 논의가 이루어졌음에도 불구하고 국내외 정치적 상황으로 인해 종교교류 행사들이 무산되거나 연기되는 상황이 발생하였다. 2017년 10월 대한불교 조계종은 금강산 신계사 낙성 10주년 기념 조국통일 기원 남북불교도 합동법회를 논의하고자 하였으나 관련 연락이 이루어지지 않아 무산되었고, 11월 세계교회협의회는 한국기독교교회협의회와 북한의 조선그리스도교연맹과 함께 '한반도 평화와 통일을 위한 국제협의회' 개최를 위해 대규모 방북을 계획하고 있었으나 조선그리스도교연맹으로부터 대규모가 아닌 소수 인원의 방북으로 답신을 받아 의견 차이로 연기되었다.[169] 한국종교인평화회의는 천주교, 개신교, 불교, 원불교 등 7개 종교 지도자들이 2018년 8월 4일부터 8일까지 평양을 방북하여 8·15 공동행사 등 종교교류를 논의하기로 예정되어 있었으나 종교인의 방북이 북미 대화에 영향을 줄 수 있다는 이유로 북한 측의 요청으로 무기한 연기되었다.[170] 남북교류 활성화를 위해 9월 18일 평양 남북정상회담 방북 수행단 중 김희중 천주교 대주교, 원택 조계종 민족공동체추진본부장, 이홍정 한국기독교교회협의회 총무, 한은숙 원불교 교정원장 등 종교계 지도자들이 포함되었으나 남북정상회담 그 자체 목적 유지를 위해 종교단체별 교류는 진행되지 않았던 것으로 나타났다.[171] 이를 통해 남북한 종교교류는 국내외 정치 상황에 영향

---

166) 천지일보, "불교계·원불교 등 北 조불련과 내달 실무접촉 '촉각'" (2018.10.26).
167) CBS노컷뉴스, "NCCK 부활절메시지 "평화가 있기를!"" (2018.03.26).
168) 국민일보, "남북한 교회 곧 '한반도 평화대회' 연다" (2018.06.26).
169) 서울경제, "올 가을 추진되던 남북 불교 기독교 공동행사 무산될 듯" (2017.10.02).
170) 가톨릭평화방송, "7대 종단 지도자 평양 방문 무기 연기" (2018.08.02).
171) 조선일보, "南北 시민사회·종교계 인사들 인민문화궁전서 면담" (2018.09.18).

을 받아 제한적으로 이루어지고 있는 것으로 보인다.

이러한 현상은 2019년에도 반복적으로 나타나고 있다. 2019년 2월 12~13일 북한 금강산에서 진행된 '남북공동선언 이행을 위한 2019년 새해맞이 연대모임'을 위해 불교, 천주교, 개신교 등 7대 종교 지도자들이 참여를 위해 방북하였고 신계사에서는 한반도 평화를 위한 반야심경 봉독이 신계사 주지 진각스님의 집전으로 진행되었다. 그리고 조계종 총무원 총무원장 원행스님은 강수린 조선불교도연맹 중앙위원장, 차금실 서기장과 함께 남북 공동 부처님오신날 기념행사, 신계사 템플스테이 등 남북불교 교류를 위한 협력사업에 대한 실무협의를 위한 대화를 가졌다.[172] 한국기독교교회협의회는 2019년 7월 9일부터 12일까지 태국 방콕에서 열린 '한반도 에큐메니칼 포럼'에서 조선그리스도교연맹과 기독교 차원에서의 남북교류와 협력에 대한 논의를 한 것으로 밝혔다.[173] 8월 15일에는 한국기독교교회협의회와 조선그리스도교연맹이 서신연락을 통해 합의 한 2019년 한반도 평화통일 남북 공동기도문의 내용을 배포하였다.[174] 8월 19일~24일까지 독일 린다우에서 열린 '세계종교인평화회의'에서 한국종교인평화회의 대표단 16명과 조선종교인협의회(회장 강지영 조선카톨릭교협회장)가 만나 한반도 평화 정착을 위한 주제로 의견을 나눴다.[175] 12월 1일부터 4일까지 중국 선양에서 개최된 '한반도 에큐메니칼 포럼' 운영위원회 회의에서 한국기독교교회협의회와 조선그리스도교연맹은 만나 교류를 위한 논의를 하였다.[176] 한편, 2020년부터 2025년까지 남북한 인적 교류는 코로나19 확산, 대북제재, 남북 정상회담과 북미 정상회담의 교착 상황뿐 아니라 북한의 지속적인 미사일실험과 대북 전단 살포에 대한 항의 등 다양한 원인으로 인해 진행되지 않고 있다. 더욱이 김정은은 2013년 12월 제8기 제9차 전원회의 결

---

172) 불교신문, "금강산 찾은 원행스님, 北 조불련과 협력사업 논의 '시작'" (2019.02.14).
173) 노컷뉴스, "한반도 에큐메니칼포럼 "남북의 평화 노력지지"" (2019.07.15).
174) 한국기독교교회협의회, "2019년 한반도 평화통일 남북공동기도문 보도자료" (2019.07.31).
175) CPBC 가톨릭평화방송, "세계 종교인 "남북 종교인 평화 노력지지"" (2019.08.28.).
176) 서울신문, "'30년 전통' 공동기도문 결국…남북 관계 불만 그대로 반영됐나" (2020.08.17).

정문에서 남북관계를 더 이상 동족관계, 동질관계가 아닌 적대적인 두 국가 관계이며 전쟁 중에 있는 두 교전국 관계로 고착되었다고 규정하고 한반도의 두 개 국가를 선언했다. 이후 남북 간 종교교류는 답보상태에 놓여 있으며, 향후 이러한 상황은 상당 기간 지속될 것으로 보인다.

종교 분야 인사들의 방북과 비교하여 북한종교 인사들의 방한은 그 규모와 횟수가 매우 적은 상황이다. 실제 2010년 천안함 및 연평도 사건 이후 2011년부터 2025년까지 북한의 종교 인사가 남한을 방문한 사례는 단 한 건도 없는 것으로 나타났다.

2011년 7대 종단 수장단의 방북으로 종교계 방북이 활발했던 반면, 2012년 북측의 남한 답방이 이뤄지지 못하면서 종교계의 남북교류가 원활하지 못했다. 이는 2011년 연말 북한 김정일 위원장의 사망과 2012년 4월 장거리로켓 발사로 인해 남북 양측 모두 교류 여건이 좋지 않았기 때문이다.[177]

또한 2013년 1월 23일 유엔안전보장이사회의 대북 제재 결의와 더불어 북한이 한반도 비핵화 포기와 개성공단 폐쇄 그리고 5월 단거리 미사일 발사 등을 통해 강경 대응 정책을 취하면서 한국과 북한종교 단체와의 교류는 사실상 중단되었다. 6월 7일~10일 인도네시아 말랑에서 열린 아시아종교인평화회의(Asian Conference of Religions for Peace, ACRP) 집행위원회에서 한국 7대 종교협의체 한국종교인평화회의(KCRP)와 북한종교단체 협의체인 조선종교인협의회(Korean Council of Religionists, KCR)가 만난 이후 6월 13일 중국 베이징에서 한국종교인평화회의와 조선종교인협의회가 다시 만나 남북정상회담 성사를 바탕으로 남북한 종교교류가 다시 활성화되기를 원하였으나 정상회담이 무산되면서 남북한 종교교류와 그 사업 역시 전망이 불투명해졌다.[178]

하지만 이후에도 한국 종교단체들은 북한과의 종교교류 유지를 위해 노력하고 있다. 2014년 8월 프란치스코 교황 한국 방문을 계기로 5월 18일-19일 중국 심양에서 한국천주교 주교회의와 서울대교구 민족화해위원회가

177) CBS뉴스, “대북 유연화 조치, 실질 진전 없어” (2012.11.19).
178) 연합뉴스, “南北종교인 베이징 회동…北측 "대화 재개 희망” (2013.06.18).

북한의 조선가톨릭교협회 관계자를 만나 한반도 평화 기원 미사에 초청하였다. 이에 대해 북한 조선가톨릭교협회는 거절이 아닌 검토 후 답변을 주겠다고 하였으나 조선가톨릭교협회 관계자들의 방한은 이루어지지 않았다. 이뿐만 아니라 천도교 역시 10월 11일 서울에서 개최되는 동학농민혁명 120주년 기념행사에 북한 천도교인들의 참석을 요청하였으나 참석은 이루어지지 않았다.

한편 북한은 2013년 10월에는 한국 국적의 김정욱 선교사를 선교활동으로 체포한 후 2014년 5월 무기노동교화형을 선고했다. 또한, 북한당국은 2015년 3월에는 김국기, 최춘길 선교사 역시 체포한 후 6월 무기노동교화형을 선고하고 2025년 현재까지 억류하고 있다.[179] 이는 남북한종교 단체 간의 종교교류가 이루어지고 있는 것과 달리, 북한 내 실질적인 종교 활동은 여전히 북한 정부에 의해 제한되고 있음을 보여준다.

2) 국제 종교교류

북한당국은 종교단체들을 중심으로 국제사회와의 종교교류를 추진해왔다. 이는 국제혁명역량 강화 차원에서 이루어진 것이다. 국제혁명역량 강화는 우선 공산국가와 제3 세계권의 지지를 획득하여 국제적인 반한, 반미 투쟁을 강화함으로써 한미 간의 방위체제를 깨고 한국을 국제적으로 고립시키는 한편, 북한에 대한 지원역량을 강화하기 위한 것이었다. 1974년 인도 고티얌에서 개최된 아시아기독교평화회의(ACPC)에서 조선기독교연맹 대표 김성률이 발표한 '조선에 관한 성명'에서 이와 같은 의도를 엿볼 수 있다.

"제1항에 전 세계의 기독교인들은 권리 회복과 자유를 쟁취하기 위하여 남조선 형제들의 투쟁을 주시하고 있다. 제4항에 남조선의 유명한 목사들이 자유와 정의를 위해 투쟁했다는 이유로 구속되었다는 등 종교인들의 투쟁을 유도하고 그 투쟁에 정권이 압력을 가했다고 주장했다. 그리고 주한미군 철수, 중앙정보부

---

179) 통일부, 『2024 통일백서』 (서울: 통일부, 2024), p. 66.

해체, 국가보안법 철폐와 같은 내용이 포함된 '조선에 관한 결의'를 채택하기도 하였다. 순수한 종교 관련 의제 발언보다는 한반도 문제와 같은 정치적인 결의문을 채택하였다."180)

북한 종교계의 대표적 인물인 강양욱은 조선기독교연맹의 대표로서 1963년 10월 바르샤바에서 열린 '세계평화이사회'와 같은 해 11월에 열린 '평화옹호민족위원회' 등에 참가하여 사회주의권 종교인들의 평화운동과 연대했다.181)

북한종교단체들은 1970년대 초부터 국제 종교단체들과 관계를 확대하기 시작했으며, 1980년대 중반 이후에는 국외 종교인들의 북한방문이 크게 늘면서 북한 종교인들이 국외 종교단체나 국제 종교회의에 참가하는 비중도 증가하였다.

조선기독교도연맹은 1974년에 스위스 제네바에 본부를 둔 '세계교회협의회(World Council of Churches, WCC)'와 접촉을 시도하였으며, 이외에도 '기독교평화회의(Christian Peace Conference, CPC)', 기독교평화회의의 아시아 조직인 '아시아기독교평화회의(Asian Christian Peace Conference, ACPC)', '아시아불교도평화회의(Asian Buddhist Conference for Peace)' 등과 같은 국제회의에 참가하였다. 또한 조선기독교연맹은 세계교회협의회 중앙위원회(1989), 세계교회협의회 총회(1991), 세계개혁교회연맹 총회(1987)에 참석하기도 하였다.182)

또한 조선불교도연맹은 1976년에 일본 동경에서 열린 '제4차 아시아 불교도 평화회의'에 정식 회원국으로 가입하였으며, 이후 1982년에 몽골 울란바토르에서 열린 '제6차 아시아 불교도 평화회의'에 처음으로 참가하여 대남비난에 주력하는 등 당의 외각단체에 걸맞게 행동하기 시작하였다. 그리고 1986년 8월에는 북한종교단체로서는 최초로 국외 종교단체인 소련

180) 1974년 인도의 고타얌에서 개최된 아시아기독교평화회의(ACPC)에서 조선기독교연맹 대표 김성률은 '조선에 관한 성명'을 발표하였다. 북한연구소, 앞의 책(1983), pp. 1238-1239.

181) 하종필, 앞의 책, pp. 109-111.

182) 김흥수, 류대영, 앞의 책, pp. 234-258.

불교 대표단과 중국 불교 대표단을 평양으로 초청하여 국제교류를 진행하였으며, 같은 해 12월에는 '세계불교도우의회(WFB)'에 정식 회원국으로 가입하였다. 이후 조불련의 국제교류는 1987년 7월 3일에 묘향산 보현사에서 '국제불교도평화행진'의 개막 행사를 여는 것까지 확대되었다.[183]

1990년대 이후에는 북한종교단체들과 유럽과 미국 등 각국의 종교 단체들 간의 종교교류가 활발히 이루어졌다. 1995년에는 미국 정부와의 관계 개선 일환으로 미국의 선교단체들을 평양에 초청하는가 하면, 조선그리스도교연맹 중앙위원회 위원장 강영섭 목사가 이끄는 대표단이 한 달 동안 미국을 방문하여 적극적인 활동을 보인 적도 있었다.[184] 또한 조선불교도연맹은 1991년 10월에 미국 LA에서 '제1차 남북 및 해외동포 조국통일기원 불교도합동법회'를 가졌다. 이는 조불련 · 한국불교종단협의회 · 한불협이 공동 주최한 행사로, 분단 이후 최초로 미국 LA에서 남북한 및 해외동포 불교지도자 70여 명이 역사적으로 만난 행사였다.[185]

그러나 북한종교단체들의 이러한 활동은 순수하게 종교적 목적에서 이루어지고 있다기보다는, 북한당국이 외국 종교단체나 국제기구로부터 원조를 이끌어내는 등의 정치적 목적을 가지고 종교단체들을 활용하고 있는 것으로 보인다. 이는 김일성 사망 후 악화된 식량난으로 인해 사회통제가 어렵게 되자, 북한당국이 내부의 종교 활동에 대한 억압은 지속하면서도 대외적으로는 서방과의 관계 개선과 외부의 인도적 지원을 확대시키는 일종의 '외화벌이' 수단으로 종교를 활용하고 있는 것으로 보인다.[186]

한편 김정은은 2013년 3월에 외국인들을 위한 평양국제교회를 설립하자는 미국의 프랭클린 그레이엄 목사의 제안을 수용하는 등의 모습을 보였다.[187] 그리고 2018년 5월 3일부터 7일까지 크리스 퍼거슨 세계개혁교회커뮤니온 총무, 세계교회협의회의 울라프 픽쉐 트베이트 총무와 피터 프루

---

183) 이지범, "북한불교의 역사", 불교닷컴 칼럼(2012.05.01).
184) 김병로, 앞의 책, p. 48.
185) 이지범, "북한불교의 역사", 불교닷컴 칼럼(2012.05.01).
186) 데일리NK, "통일부, 북 종교단체 외화벌이 수단 불과" (2011.09.20).
187) 천지우, "'김정은, 평양 외국인 국제교회 건립 승인'… 美 프랭클린 그레이엄 목사 제안에 최근 화답", 국민일보(2013.03.11).

브 국장 등 6명은 북한 조선그리스도교연맹 초청으로 북한을 방문하여 조선그리스도연맹 강명철 위원장 및 김영남 최고인민회의 상임위원장과 만나 한반도 평화를 위한 대화를 나누었고[188] 2018년 10월 김정은 국무위원장이 문재인 대통령의 프란치스코 교황 평양 초청 제안을 받아들이고[189] 프란치스코 교황은 김정은 국무위원장의 방북 요청 의사에 긍정적인 반응을 보인 것으로 나타났다. 2019년 7월 27일부터 8월 1일까지 일본 그리스도교협의회와 재일대한기독교회에서 8명이 방북하여 평양시 봉수교회에서 조선그리스도교연맹과 합동예배가 진행되었고 이후 면담 등을 통해 향후 교류를 위한 계획 등이 논의되었다.[190] 또한 2024년 24년 만에 평양을 방문한 러시아 대통령 푸틴은 북한 내 러시아 정교회 회당인 정백사원을 방문했다. 이 성당은 북한 내 유일한 정교회 성당으로, 북한과 러시아 간의 우정을 상징하며, 북한이 외교 관계를 강화하기 위해 종교를 활용하는 전략을 보여주고 있다.[191]

그러나 북한은 국제 종교단체와 교류를 진행하고 있음에도 불구하고 국적에 상관없이 자국 내에서 종교 활동을 제한 및 통제하며, 외국인들도 구금되는 사례가 발생하고 있는 것으로 나타나고 있다. 2012년 11월부터 북한에 억류된 후 노동교화형을 선고받은 케네스 배 선교사는 억류 2년만인 2014년 11월에 석방되었고, 2014년 4월 호텔에 성경책을 놓고 나왔다는 혐의로 구금되어 있던 제프리 에드워드 파월은 구금 6개월만인 2014년 10월 21일 석방되었다.[192] 그리고 2014년 3월부터 4월 15일 동안 존 쇼트 선교사가 억류되었었다.[193] 또한 2015년 1월부터 반국가 음모 행위로 북한에 억류되어 있다 2017년 8월 31개월 만에 풀려난 캐나다인 임현수 목사,[194] 2015년 북한 군사기밀을 남측으로 유출한 혐의로 10년 노동교화형

188) 경향신문, “"북측 지도자들, 판문점 선언 적극 지지", 세계교회 방북 대표단 설명회” (2018.05.08).
189) KBS 뉴스, “靑 “김정은, 프란치스코 교황 평양 초청…열렬히 환영”” (2018.10.10).
190) 통일뉴스, “방북한 KCCJ·NCCJ, 조선그리스도교연맹과 교류 〈조선신보〉” (2019.08.05).
191) NK조선, “평양 성당서 푸틴 안내한 사할린 한인의 후손”(2024.06.24).
192) 데일리NK, “북한 "억류 미국인 2명 北적대혐의 확정…기소준비"” (2013.06.30); VOA, (2014.11.10)
193) 연합뉴스, “북한 억류 호주 선교사 보름만에 석방” (2014.03.03).

을 받고 억류되어 있다 2018년 5월 풀려난 김동철 선교사까지 북한당국의 외국인 선교사 및 종교 활동에 대한 통제 및 처벌이 강화되고 있어 북한 및 해외 종교교류 역시 악순환을 거듭하고 있다.[195]

194) 연합뉴스, "'억류' 31개월 만에 북한서 풀려난 한국계 임현수 목사" (2017.08.09).
195) 크리스천투데이, "'북한에 억류된 한국인 김정욱·김국기 선교사는 누구?" (2018.05.10).

5. 북한 주민의 실제 종교 활동

1) 종교를 접하는 경로 및 방법

북한의 시기별 종교정책 변화 및 북한의 종교별 현황을 살펴본 결과, 북한은 인류가 가지고 있는 보편적 종교들을 인정하지 않고, 자신들의 정치사상인 "주체사상"을 종교화한 매우 특수한 국가임을 확인할 수 있었다. 하지만 북한당국은 천도교 종교시설 이외에 수도인 평양에 세 개의 교회와 하나의 가톨릭 성당, 그리고 러시아 정교회 성당 한 곳을 설립하여 운영하고 있다. 또한 남북한 분단 이전부터 존재해오던 수십 개의 사찰이 깊은 산속에서 문화재로 보존되고 있다.

평양에 있는 성당과 교회, 그리고 사찰 등에서 종교 활동을 할 수 있는 사람들은 북한당국에 등록된 극소수의 평양시민들이며, 이들은 모두 성인에 국한되고 있다. 따라서 일반 북한 주민들이 종교를 접할 수 있는 경로와 방법은 자유로운 서구사회의 경우와는 큰 차이를 보이고 있다.

일반 북한 주민들이 종교를 접하게 되는 일반적 경로를 유형화하면 아래와 같다.

첫째, 사회 구성원이 종교를 갖게 되는 가장 일반적인 방법은 종교를 갖고 있는 부모, 형제, 친인척, 그리고 주변 사람들과 종교인들의 안내와 전도에 의한 것이다. 그러나 북한에서 이런 방법으로 종교를 갖게 되는 것은 사실상 불가능하다. 이는 북한당국이 종교 선전, 교육, 전도를 엄격히 금지하고 있기 때문이다. 단지 북한당국이 정치적 목적에 의하여 인정하고 등록된 소수의 사람들이 북한당국에 의하여 설립된 몇 개의 종교시설에서 종교적 활동에 참여하는 것만이 허용될 뿐이다. 이들도 자기 자녀와 가족, 친척과 주변 사람들에게 종교를 선전하거나 교육하는 것은 금지되어 있고 불법적 행동에 속한다. 그래서 북한의 교회와 성당에는 성인 외에 청소년과 어린이들은 찾아볼 수 없다.

1945년 남북한 분단 당시부터 종교를 갖고 있던 북한 주민들 중 한국으로 탈출한 이들이 있다. 이들은 북한당국의 철저한 탄압과 감시하에서도 개인적으로 또는 한두 명이 비밀스럽게 종교 활동을 하면서 수십 년을 보냈다고 한다. 그러나 이들도 자기 자녀들에게 자신의 종교를 알려주거나 자녀들과 함께 종교 활동을 한 경우는 찾아볼 수 없다. 왜냐하면 자신의 아이들이 주변 사람들에게 실수로 종교 활동에 대한 이야기를 할 경우 자녀뿐만 아니라 가족 전체의 생명을 잃게 될 수도 있기 때문이다. 결국 자녀의 생명과 안전을 지키기 위하여 부모는 자녀에게 자신의 종교를 비밀로 할 수밖에 없었다.196)

둘째, 공식적 및 사적인 종교교육을 통해서 종교를 접하는 방법이다. 북한종교시설에서는 성인은 물론이고 청소년 아동을 대상으로 종교교육을 하는 것도 금지되어 있으며, 가정뿐만 아니라 어느 곳에서든 종교교육은 금지되어 있기 때문에 종교교육을 통해서 종교를 접하는 것은 사실상 불가능하다. 1945년 분단 이전 평양과 북한지역은 동방의 예루살렘으로 불릴 만큼 기독교가 활발하였다. 이들 종교인들은 종교기관이 설립한 학교에서 종교교육을 받은 경우가 많았다. 1900년대 전후 북한의 기독교, 가톨릭, 천도교, 불교 등 각 종교 단체들은 종교교육과 전도를 목적으로 학교(mission school)를 설립하였으며, 이들 학교는 청소년, 아동들의 종교교육에 중심적 역할을 담당하였다. 그러나 북한지역의 종교기관이 설립한 학교들은 1948년 북한 정권 수립 이후 모두 국유화되거나 남한으로 학교를 옮겼으며, 더 이상 북한지역 학교에서의 공식적인 종교교육은 허용되지 않았다.

셋째, 기존에 운영되고 있는 종교시설을 스스로 찾아가서 종교를 접하게 되는 경우이다. 북한 평양에 교회와 성당이 있고, 깊은 산속에는 사찰이 있지만 일반인들은 자유롭게 출입할 수 없는 시설이다. 예외적으로 소수의 승인된 사람들이 외부에 보여주기 위해서 공식적으로 실시하는 종교행사에 참여할 수 있을 뿐이다. 북한 주민들 중 평양의 소수를 제외하면 북한에 공식적인 교회와 성당이 있다는 사실을 알지 못하고 있다. 또한 북한 주민들은 종교를 갖기 위해 종교시설을 방문한다는 것 자체가 정치적 범죄로 간주되

196) 김병로, "북한종교인 가족의 존재양식에 관한 고찰," 『통일정책연구』, 제 20권, 제 1호 (2011), pp. 177-180.

어 정치범수용소에 구금되거나 공개처형을 당할 수 있음을 알고 있기 때문에 그러한 선택을 하는 것은 불가능하다.

넷째, 외국의 선교사들이 파송되어 종교를 알리고 이들을 통하여 종교를 접하게 되는 경우이다. 한국의 기독교와 가톨릭은 1900년대 전후 스페인과 프랑스, 미국 등 서방국가의 선교사들이 파송되어 적극적인 선교활동으로 큰 성장을 이루었다. 그러나 북한당국은 선교사의 입국과 활동을 근본적으로 금지하고 있으며, 북한 거주 외국인의 종교 활동도 당국이 설립한 평양의 교회와 성당에서만 제한적으로 허용하고 있다. 현재 북한에 선교사를 공식적으로 파송하는 국가와 선교단체는 없으며, 북한 주민들을 외부에서 교육시켜 재입국시키거나, 사업가 등으로 위장한 일부의 외국인들이 선교 목적을 암묵적으로 갖고 북한 내에 사업체를 운영하는 사례가 알려져 있을 뿐이다.

1990년대 이후 남북관계가 개선되면서 한국과 미국 등에서 북한을 방문하는 종교인들이 증가하고, 남북 종교인들의 공동행사가 진행되면서 이를 통해서 북한 주민들이 종교를 접하는 사례도 나타났다. 그러나 북한당국은 한국, 미국 등의 종교인과 해외 동포들이 방문할 경우 일반 주민들과의 자유로운 접촉을 차단하고 북한당국이 승인한 소수만이 참여하는 종교행사만을 허용하기 때문에 이러한 방법으로 종교를 접하는 경우는 매우 드물다.

다섯째, 북한 내에서 종교 서적을 탐독하거나 외부에서 보내주는 라디오(종교 방송)를 청취하면서 자생적으로 종교를 갖게 되는 경우이다. 종교서적 탐독과 외부 라디오 청취는 종교적 지식을 제공하는 기능을 하는 것이 일반적이다. 극히 일부는 이와 같은 방법으로 종교를 갖게 될 수는 있으나, 현실적으로 종교 서적과 외부 종교 라디오 방송 청취를 통해서 종교를 갖고 신앙생활을 시작하는 것은 쉽지 않다. 다만 분단 이전부터 종교를 갖고 있었거나, 외부에서 종교를 갖게 된 후 재입북한 경우 종교 서적과 외부 라디오(종교방송) 청취는 종교 생활에 큰 기여를 하는 것으로 알려져 있다. 특히 북한 지하교회를 지원하고 선교를 담당하고 있는 종교단체들은 지하교회의 확산에 큰 영향을 미친 요소로 라디오를 꼽았다.[197] 이전에는 지하교회를 통해 사람들에게 직접 신앙을 전수하는 것이 최선의 전도 방법이었으나, 이젠 라디오가 북한에서 최선의 전도 수단으로 활용되고 있다고 주장한다. 특히 청취 대상자들이 무역일꾼과 상인, 대학생, 당·보위부 간부들인 것으로 파악하고 있어 북한 지하교회 지원 담당자들은 이에 따른 파급효과도 상당할 것으로 기대하고 있다.[198] 그러나 북한지역 종교 확산을 위한 유효한 수단이 무엇인가에 대해서는 향후 객관적인 조사와 평가가 필요한 상황이다.

여섯째, 북한 이외 외국에서 종교를 갖게 된 후 북한으로 들어가서 생활하는 경우이다. 북한의 폐쇄된 체제에서 태어나 교육받고 살아온 북한 주민들은 일반적인 기성종교에 대하여 알고 있는 것은 거의 없다. 이들은 종교를 무식한 사람들이나 믿는 일종의 미신으로 간주하고 매우 부정적 인식을 갖는 경우가 많다. 그런데 1990년대 북한의 최악의 식량난과 경제적 어려움으로 수십만 명이 중국으로 탈출하면서 최초로 종교를 접하는 기회들을 가지게 되었다. 중국을 비롯한 제3국에 체류하고 있는 북한 주민들은 많은 경우 종교기관에서 피난처와 경제적 지원을 제공받았다. 그러한 과정에서 북한 주민들은 성경과 같은 종교 경전을 읽고 종교 활동을 할 수 있는 기회들을 가지게 되었다.[199] 중국과 제3국에서 종교를 접하게 된 북한 주민들은 강제송환을 당했든, 자발적 재입북이든 북한으로 돌아가 자신의 종교생활을 지속하거나, 타인에게 종교를 전하는 역할을 담당하였다. 이러한 과정에서 수많은 북한 주민들이 북한당국에 발각되면서 박해를 받았으나, 현재까지 북한에 있는 소수 신자들과 지하교회들은 대부분 이 같은 경로를 통해서 종교를 접한 것으로 알려져 있다.

중국과 제3국에서 북한 주민들에게 경제적 지원을 제공하고 종교교육과 종교 생활을 독려해 온 주체는 중국, 한국 및 미국 등지의 한국인 선교사와

---

197) 모퉁이돌 선교회는 1993년 10월 3일 '광야의 소리' 방송을 시작하여, 방송을 통한 선교활동을 지원하고 있다. 또한 극동방송 역시 1956년 12월 23일 개국 이후 북한 방송선교를 지속적으로 하고 있다.

198) 자유아시아방송(RFA), "코로나 발생 후 북한 내 성경 수요 매년 2배씩 늘어" (2022.09.26.). https://www.rfa.org/korean/in_focus/humanitarianaid-09262022163701.html (검색일: 2022.09.26.)

199) 전우택, 유시은, 엄진섭, "북한이주민의 종교생활에 대한 7년 종단연구", 『북한연구학회보』, 제13권, 제1호(2007), p. 194.

선교단체들이었다. 이들은 북한 주민들에 대한 종교교육 외에 이들을 통해서 북한에 지하교회를 운영하며 북한 주민들에게 종교를 접할 기회를 제공해 왔다. 그러나 최근 들어 북한 외 지역에서 이러한 선교활동을 수행하는데 점점 더 어려움이 가중되고 있다. 특히 중국은 2023년 7월 1일 반간첩법을 제정하면서 탈북민에 대한 지원과 선교활동을 간첩행위로 간주할 가능성을 열어두었다. 이로 인해 북·중 국경 지역에서 탈북민을 돕는 종교단체와 선교사들의 활동은 점차 중대한 제약에 직면하고 있다.200)

한편 북한에서도 김정은 정권 등장 이후 종교 활동 상황은 더욱 악화되고 있다. 북한당국은 종교 활동을 포함한 반혁명사범을 단속하기 위해서 국경 지역의 통제와 상호 간의 감시를 강화하여 타 지역 사람들이 국경 지역에 발을 붙이지 못하도록 하고 있다. 보위사령부 군인들이 사복 차림으로 위장하여 종교 활동에 침투하거나, 심지어는 꽃제비로 가장하여 종교인에 대한 색출 작업을 벌이고 있는 것으로 추정된다. 그럼에도 불구하고, 북한 주민들은 생존을 위해 여전히 국경을 넘고 있으며, 식량을 구하거나 장사를 목적으로 국경을 넘는 일부 주민들은 중국에서 선교사 및 선교단체와 연계되어 종교를 접하게 된다. 이들은 종교를 접한 후 3일에서 일주일간 성경교육을 받고 북한으로 돌아가는 것으로 알려져 있다. 북한에 복귀한 이후, 일부는 지하교회 활동을 시작하지만, 집단적으로 모여 예배를 드리는 형식이 아니라, 각자 혼자서 비밀스럽게 예배를 드리는 방식으로 진행된다.

끝으로 남북 분단 이전에 종교를 갖고 그 이후에도 비밀스럽게 자신의 종교를 유지하고 있는 소수 신앙인들이 북한에 잔존하는 것으로 파악되고 있다. 이들의 규모와 분포는 정확하게 알려져 있지 않으나, 최근 북한이탈주민 중에 이들이 포함되어 있기 때문에 이들의 존재는 확인되고 있다. 그러나 이들은 북한당국의 철저한 단속과 탄압 때문에 자신의 신앙을 개인적으로 또는 소규모 활동을 통해서 유지하고 있을 뿐 적극적으로 타인에게 종교를 알리거나 안내하는 역할은 할 수 없는 것으로 보인다.

---

200) 자유아시아방송(RFA), [중국 반간첩법] 선교사들 "탈북민 사역 최악의 시기 맞아" (2023.07.12).

한편 북한 주민들은 과거부터 전통적으로 전해오던 무당, 굿, 점을 치는 것 등을 종교적 행위로 이해하는 경우가 많으며, 이러한 활동도 북한당국의 철저한 단속과 처벌의 대상이다. 북한 형법은 상습적으로 미신행위를 하였거나 엄중한 결과를 일으킨 자는 5년 이하의 노동교화형, 그 정상이 무거운 경우에는 5년 이상, 10년 이하 노동교화형에 처하고 있다(형법 제291조). 그럼에도 불구하고, 북한의 경제적 어려움과 사회적 불안으로 인해 미신행위가 점점 증가하고 있는 추세이며, 이에 따른 단속도 강화되고 있는 양상으로 분석하고 있다.[201]

2) 종교관련 물품을 접하고 확보하는 경로 및 방법

북한 주민들의 종교 활동을 위해서는 종교 관련 시설과 물품이 제공되어야 한다. 북한 주민들은 종교 활동에 필요한 시설과 물품들을 어떻게 확보하고 있을까?

북한당국이 공식적으로 설립하여 운영하고 있는 성당과 교회, 사찰의 경우와 비공식적이고 비공개적으로 운영되고 있는 종교시설이 종교 물품을 확보하고 보관하는 방법에는 큰 차이가 있다.

북한당국이 공식적으로 운영하고 있는 교회와 성당, 그리고 사찰은 북한당국의 공식적 재원과 해당 종교를 가진 주민들의 성금으로 설립하였다고 밝히고 있다.[202] 이와 같이 북한이 처음으로 설립한 봉수교회와 칠골교회, 그리고 장충성당은 북한당국과 신자들의 헌금으로 설립되었으나, 남북관계가 개선된 1990년대 이후 설립된 종교시설과 기존 시설의 보수 및 증개축은 한국과 제3국 한인 종교단체의 지원과 후원이 중요한 재원이었다.

한국의 교회와 가톨릭단체, 불교단체, 그리고 북한종교단체와 관계를 맺고 있는 다양한 한국의 종교기관들은 북한의 공식적인 교회와 성당, 사찰 등 종교시설의 건립과 보수, 증개축을 위한 비용과 물자를 지원해 왔다. 또

201) 통일연구원, 『북한인권백서 2023』 (서울: 통일연구원, 2023), p. 174.
202) 1988년 설립된 봉수교회는 국가의 토지 증여와 무이자 대부 및 신자들의 헌금으로 건립된 것으로 알려져 있다.

한 북한종교시설 운영과 종교 활동에 필요한 비용과 종교적 물품 및 기자재를 지원해 왔다.[203] 이러한 지원은 한국 종교단체 외에도 해외에 있는 한국 종교단체와 외국 종교단체도 참여하고 있다.

북한당국은 한국 및 해외 종교 단체들에게서 다양한 지원을 받고 있으나, 교회와 성당에서 사용하는 성경과 찬송가 등 종교 서적들은 자체적으로 제작하여 사용하고 있다. 따라서 외부의 성경과 찬송가 및 종교적 경전들은 반입이 금지되고 있으며, 외부에서 출판된 종교 경전들은 북한당국이 관리하는 도서관에서 열람이 승인된 대상자에게만 제한적으로 열람이 허용되고 있을 뿐이다.

북한당국이 설립하여 운영하고 있는 공식 종교시설에 참여하는 주민들은 극소수에 불과하며, 이들을 일반적인 신앙인으로 인정할 것인가에 대해서는 많은 논란이 있다. 북한의 공식 교회와 성당, 사찰의 종교행사에 참여하는 주민들에 대해서 한국의 종교계와 연구자들은 대부분 진정한 의미의 종교인으로 간주하고 있지 않으나, 북한종교행사에 참여하는 북한 주민 중 일부는 종교적 차원에서 신앙인으로 볼 수 있다는 의견이 일반적이다.

북한에서 공식 종교시설 이외 장소에서 예배와 찬송, 기도, 성경 읽기와 같은 종교 활동에 참여하는 것은 물론이고 성경, 찬송가와 같이 종교적 물품을 소지하는 것은 불법행위이다. 이와 같은 불법행위로 체포될 경우 정치범수용소 및 교화소 수감 등 매우 높은 수준의 처벌을 받게 된다. 따라서 이들은 종교 관련 물품의 확보와 보관, 그리고 활용에 있어서 매우 비밀스러운 방법을 활용할 수밖에 없다.

북한에서 비밀스럽게 종교 활동을 하는 경우 이들에게 필요한 종교적 물품의 대부분은 북·중 국경을 통해서 북한으로 보내지고 있다. 그러한 종교 물품에 대한 비용은 중국에서 활동하고 있는 한국인 선교사 및 조선족 종교인들이 부담하고 물품을 구입하고 있으나 실제 대부분의 비용은 한국 종교단체와 미국 등 해외 종교단체에서 부담하고 있다. 북한 주민들이 공식 여권을 소지하고 중국으로 나오거나, 탈북민을 포함하여 중국으로 와서 북

203) 종교적 물품은 각 종교별로 차이가 있으나, 십자가 등 종교시설 내 종교적 물품과 의자, 단상, 음향시설 등 다양한 종류가 있다.

한으로 귀환할 경우에 이들을 지원했던 선교사들과 종교인들은 북한 생활에 도움이 되는 현금과 경제적 물품 외에 성경과 십자가 등 종교적 물품을 비밀리에 북한으로 갖고 가도록 돕고 있다. 이러한 물품들은 두만강과 압록강을 비밀스럽게 넘나드는 북한 주민들의 보따리에 넣어서 들어가기도 하고, 밀수품에 포함되기도 한다. 가끔은 북한 세관을 공식적으로 통과하는 물품 속에 숨겨서 들어가기도 하고, 북한을 방문하는 중국인과 한국인들이 건네주기도 한다. 종교적 물품들은 비밀리에 전달되기 때문에 대량으로 반입될 수 없고, 소규모로 북한 방문객을 통해서 전달되고 있다.

북한당국은 외국에서 북한의 세관이나 공항, 항만, 우편 서비스를 통해서 들어오는 물품과 북한 방문객을 통해서 유입되는 종교 관련 물품은 철저히 수색하여 반입을 차단하고 있다. 그럼에도 불구하고 간혹 미국과 일본, 중국 등 친지들이 보낸 물품 속에 종교 관련 물품이 포함되어 반입되고 있으며, 이 사실이 발각될 경우 매우 위험한 상황에 처하게 된다.

[그림 3-7] 북한 성도의 성경책

◦ 출처: 한국 모퉁이돌선교회

“이 남자의 삼촌이 미국에 있는데, 미국에 있는 삼촌이 북한에 짐을 보냈는데 짐 안에 다른 상품이랑 성경책을 가뜩 넣어 보냈단 말입니다. 북한에서 성경 이런 것을 믿지 않으니까 책을 봐도 믿지 않습니다. 그래서 책을 별로 대수롭지 않게 생각하고 소각하지 않았는데, 도 보위부에서 와서 의식적으로 종교를 퍼뜨린 것으로 감옥에 갔습니다. 도 보위부에서 '나는 무슨 책인지도 모른다. 지금 봐도 난 내용을 모른다고 말해도 종교적 목적을 가지고 들여온 것을 인정하라면서 손이랑 때리고, 폭력을 쓰면서 인정한다는 지장을 찍으라'고 그랬답니다. 거기에 6개월이나 들어가 있었다고 합니다."[204)]

외국과 북·중 국경을 통해서 유입된 종교 물품들은 지하교회와 비밀스럽게 종교 활동을 하고있는 대상자들에게 전달되기도 하고 갖고 들어온 당사자가 보관하면서 활용하기도 한다. 북한에서 종교 활동을 하는 경우 성경을 보거나 기도를 하는 것은 매우 위험스러운 것이기 때문에 비밀스럽게 할 수밖에 없으며, 이러한 물품도 타인에게 노출되지 않도록 은밀하게 보관하고 있다. 따라서 성경과 종교 관련 물품들은 타인과 자유롭게 돌려볼 수 없으며, 소지하고 다니는 경우도 위험하기 때문에 각자 자신의 가정에서 노출되지 않도록 보관하는 것이 일반적이다. 그럼에도 불구하고 북한 내 종교물품의 유통과 사용은 지속적으로 확인되고 있다.

[그림 3-8] 휴지에 베껴 쓴 성경

◦ 출처: 한국 모퉁이돌선교회

204) 북한이탈주민 한00, 2011년 8월 면접

3) 공식 종교시설 및 비공식 종교모임(지하교회)에서의 종교 활동

북한의 공식 종교시설인 평양의 교회에서는 종교행사가 정례적으로 진행되고 있다. 매주 일요일 예배와 그 외의 종교행사도 진행된다. 교회의 예배는 평양 거주 외국인과 방문객, 그리고 북한당국에 등록된 소수의 주민들이 참여하고 있으며, 예배의 절차와 형식은 외부 세계의 교회와 큰 차이는 없는 것으로 알려져 있다. 성경과 찬송가책을 사용하고 목사의 설교와 기도, 성가대의 찬양이 포함되어 있다. 한국과 외국에서 방문한 목사가 있을 경우 이들이 예배를 진행하기도 한다. 그러나 신자들을 확보하는 방법과 교리 공부, 교회 운영 내용 등에 대한 구체적인 사항은 알려져 있지 않다.

[그림 3-9] 칠골교회의 성가대

◦ 출처: 한국종교인평화회의

평양에 있는 장충성당의 종교행사도 큰 차이는 없다. 그러나 교회와 달리 상주하는 사제가 없기 때문에 공식적인 미사는 한국 및 외국의 신부들이 방문하는 경우 제한적으로 진행되며, 그 외는 장충성당의 교우들 중 경험 있고 직분을 가진 평신도에 의하여 종교적 행사가 진행되는 것으로 알려져 있다. 하지만 최근에는 한국의 신부들이 방문하는 경우에도 장충성당에서 공식적인 미사는 진행되기 어려운 상황으로 알려져 있다.

장충성당의 미사에 여러 번 참여한 증언자들은 항상 성경이 모든 테이블에 배치되어 있고 성가대의 찬송이 있으며, 참석자들이 모두 깨끗한 복장으로 참여하고 있었다고 증언하고 있다. 그러나 성당 실내의 좌석 중 빈자리 하나 없이 신자 모두가 각자 자리에 앉아있는 상황이 반복되는 것으로 나타났다. 이와 같은 상황은 자유로운 사회의 종교시설에서는 찾아보기 어려운 것이었다.

[그림 3-10] 장충성당에서 미사를 보는 북한 주민들

◦ 출처: 한국종교인평화회의

북한의 사찰에서 진행되는 종교의식에 대해서 구체적으로 알려진 사례는 많지 않으나, 북한에서도 정초가 되면 진급, 진학, 액땜을 위해 집 가까운 곳의 사찰을 찾아서 불공을 드리고 기도 하는 사례도 있다고 한다. 이때 부처님께 올리는 공양물로 계란 꾸러미나 참기름, 쌀, 고구마 등을 사용한다.

북한 주민들이 공식적으로 사찰을 찾아가는 경우는 대개 조직적 활동에서 이루어진다. 학생의 경우는 학교에서 소풍을 가거나 졸업여행을 갈 때이

다. 이 경우 사찰의 주지스님은 방문 학생들에게 사찰의 역사와 유래, 그리고 문화재를 소개하게 된다. 이와 같이 조직적인 형태의 불교 활동과 더불어 북한지역의 사찰은 외국인 관광객의 주요한 방문코스로 소개되고 있다. 또한 북한의 사찰은 약초, 산나물, 버섯 등을 채취하는 주요한 활동 공간의 역할도 하고 있다.

[그림 3-11] 사찰에서 불공을 드리는 북한 주민들

◦ 출처: 불교닷컴

북한은 사회주의 건설과정에서 미신 타파를 강조하면서 기존의 종교 활동이 공개적으로 이루어지진 않지만, 주민들의 생활 속에서 상대적으로 접근이 용이한 것이 사찰이고 불교문화재이다. 『북한불교 백서』를 펴낸 법타 스님에 따르면, 김일성은 1945년부터 1994년 사망 전까지 총 126회의 역사 유적 현지지도를 실시했으며, 이 중 50회가 사찰 방문이었다고 한다. 이는 사찰이 비록 종교적 의미는 소멸하였지만, 문화유산으로서의 기능과 역사 유적지로서의 중요성을 인정받았음을 보여주는 사례라 할 수 있다.[205)]

북한의 불교도들도 사찰의 대웅전에 불상을 모시고, 참배를 하며 법회를

205) 한국일보, "미제 앞잡이 기독교씨 말린 북한서 불교는 애국종교" (2020.10.27.).

열고 있으나 법회 등 공식 공개행사는 북한당국의 허가를 받고 진행하고 있다.[206] 또 최근에는 북한 주민들이 행운을 빌거나 불운을 없애기를 바라며 손으로 만든 작은 불상을 구매하여 경제적 어려움과 불안한 마음을 의지하는 경우도 확인되고 있다.[207]

[그림 3-12] 지하 종교 활동을 하는 북한 주민들

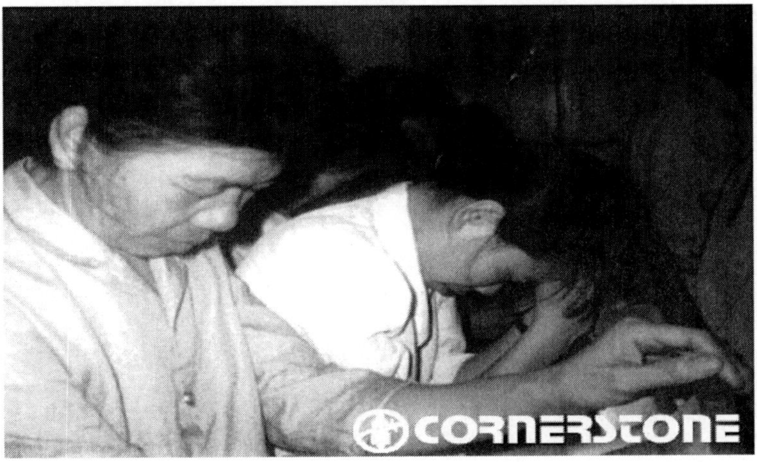

◦ 출처: 한국 모퉁이돌선교회

북한의 공식적인 종교 활동은 북한당국이 승인한 천도교와 평양에 있는 교회와 성당, 그리고 사찰에서 진행되는 행사를 제외하면 모두 불법행위이고 비밀리에 진행되고 있다.

북한당국은 평양에 있는 교회와 성당 외에 지방에 수백 개의 가정예배처소가 있다고 주장하고 있으나, 구체적인 실체와 운영 상황이 확인되지 않고 있다. 또한 북한선교에 관심을 갖는 기독교단체들은 북한 내 일천여 개의 비밀 지하교회가 운영되고 있다고 밝히고 있다. 또한 국내외 언론을 통해서

---

206) 불교닷컴, “북한불교는 살아있다” (2012.02.20).

207) North Koreans pray to Buddha statues for good luck,(2024.1014) https://www.rfa.org/english/news/korea/north-korea-buddha-statue-buddhism-religion-religious-freedom-10142024163038.html

북한 지하교회에 대한 정보와 동영상 등이 소개되기도 한다. 그러나 북한인권정보센터가 2만여 명이 넘는 북한이탈주민을 대상으로 조사한 결과 북한의 지하교회에 대한 구체적인 정보를 제공한 경험자는 거의 찾아볼 수 없었다. 또한 북한에서 비밀 교회의 형태로 수십 명 이상이 종교 활동을 했다는 증언도 현재까지는 거의 확보되지 않고 있다.[208]

북한인권정보센터의 「NKDB 통합인권 DB」에 등록된 88,764건의 인권침해 사건들을 구체적으로 살펴보면, 북한 지하종교 활동의 실체적 내용들을 확인할 수 있다. 1970년대 이전에는 북한지역에서 수십 명 단위로 종교활동을 하다가 체포되어 처벌받은 사례들이 등장하였으나, 그 이후 북한의 종교 활동이 사실상 소멸되어 집단적 종교 활동 사례는 찾아보기 어렵다. 다만 1990년대 이후 2-3인이 종교 활동을 하다가 체포된 후 처벌받거나, 성경과 종교적 물품을 소지하고 있다가 처벌받거나, 중국에서 종교를 접한 사실이 발각되어 처벌받은 사례 등이 소수이기는 하나 지속적으로 보고되고 있다. 따라서 현재 북한의 비밀 종교 활동은 개인 단위 또는 소규모 친인척과 신앙인들 중심으로 극비리에 진행되고 있으며, 이들의 종교 활동은 대부분 북·중 국경 지역에 있는 한국인 선교사들과 국내외 한국 종교단체들의 지원과 연계된 것으로 보인다.[209] 또한 한국과 연계되지 않고 분단 이후부

208) 1980년대 중반부터 북한선교를 목적으로 조직되어 활동하고 있는 C선교회는 2011년 기준 1,273개의 지하교회가 운용되고 있다는 보고서를 발간하기도 하였다. 지역별로는 함경북도에 552개, 황해북도에 100개, 평양에 94개, 평안북도에 87개, 량강도에 67개, 평안남도에 59개, 함경남도에 52개 등이었다. 연도별로는 2003년 이전에 262개, 2004년에 205개, 2005년에 276개, 2006년에 58개, 2007년에 146개, 2008년에 80개, 2009년에 76개, 2010년에 127개, 2011년에 43개 등으로 나타났으며, 2019년 12월 말까지 1,811개의 지하교회를 개척했다고 주장했다. http://www.cornerstone.or.kr/pds/NK_church_history.pdf(2014년 5월 6일 검색); http://www.cornerstone.or.kr/public/readArticle.asp?ArticleID=A4063415074362798&CurrentCatID=C4107488655629431 (2014년 5월 6일 검색). 2020년 10월 27일 모퉁이돌선교회로부터 수령한 이메일로 확인한 내용.

209) C선교회는 북한선교와 관련하여 북한이탈주민에 대한 사역을 5단계로 실시한다고 보고하였다. 1단계는 북한이탈주민들에게 복음을 제시하고 2-3일 이내에 식량, 물품, 전도지, 성경을 준비하여 돌아가게 한다. 2단계는 1단계 사역 중 선발된 인원에게 2주 내지 40일에 걸쳐 말씀을 집중적으로 가르쳐 북한으로 들어가게 한다. 3단계는 2단계 사역 중 선별된 인원에게 신학교 배달사역에 참여케 하여, 과정을 마치면 북한으로 돌아가 교회개척 사명을 감당케 한다. 4단계는 북한으로 돌아갈 수 없는 사람들 중 중국에 정착하여 2단계 사역을 돕게 한다. 5단계는 극소수 인원으로

터 종교 활동을 해오고 있는 소규모의 원 종교인들도 극히 일부는 존재하는 것으로 확인되고 있다.

북한의 비밀 종교 활동은 개인 또는 소규모의 인원이 종교 경전을 읽고 기도하거나 찬송가를 부르는 수준에 머물러 있을 뿐, 종교 목적의 시설을 건립하거나 대규모 집회와 설교는 현재로서는 불가능한 것으로 보인다.

북한 김정은 체제 등장 이후 탈북·밀수 등 국경 지역의 단속이 대폭 강화되었으며, 북한 내부와의 전화 통화도 한층 더 어려워졌다. 이 같은 상황 전개로 중국 방문자들과 탈북민을 대상으로 비밀리에 벌여왔던 선교활동도 위축되고 있으며, 더불어 북한 내부 선교활동에 대한 외부의 지원도 어려워진 것으로 알려졌다. 대북 선교활동을 벌이는 단체 관계자들은 김정은 시대에 들어서면서 국경 지역 단속 강화 등 대북 선교활동이 상당 기간 위축될 것으로 전망했으며,[210] 제4장에서 구체적으로 그 영향을 확인할 수 있다.

한국이나 제3국으로 가서 후에 북한선교에 참석할 특별한 지도자를 양성하는 과정이다. 유석렬, 『북한에도 생명의 빛을』 (서울: 예영커뮤니케이션, 2008), pp. 356-359.

210) 데일리NK, "김정은 시대, 종교자유 더 악화…지하교회 타격," (2012.01.04).

Ⅳ. 북한의 종교자유 및 박해 실태

북한 헌법 제68조는 공민에게 신앙의 자유를 보장한다고 명시하면서도, 외세를 끌어들이거나 국가 사회 질서를 해치는 데 이용할 수 없다고 제한하고 있다. 이는 표면적으로는 종교 활동을 허용하는 듯 보이나, 실제로는 정부가 승인하지 않은 종교 활동은 보호에서 배제하는 데 활용된다. 더 나아가 북한의 기타 법률은 종교 행위를 명백히 금지하고 있다. 예를 들어, 2021년 9월 채택된 '청년교양보장법' 제41조는 청년들이 피해야 할 16가지 행동 중 하나로 '종교 및 미신행위'를 포함하고 있다.

이처럼 종교자유를 제한하는 법적 모순과 함께, 김정은 정권은 2014년 4월 중순 "기독교를 접촉한 주민들을 체포하라"는 명령을 하달하며, 중국 내 탈북 기독교인을 겨냥한 체포 활동을 강화했다. 북한인권정보센터의 조사에 따르면, 이 체포 활동에서 적발된 주민들은 정치범수용소로 이송되는 등 가혹하게 처벌받는 것으로 알려졌다. 북한당국은 이러한 체포 활동을 위해 국가보위성, 정찰총국 요원, 중국 내 영사관 직원까지 동원하며, 특히 사진을 활용해 목표 인물을 특정하고 보다 체계적으로 단속을 강화하고 있다. 이러한 조치는 주민들의 사상적 동요와 이탈 가능성을 초기에 차단하려는 의도를 보여주는 동시에, 북한 내 종교적 자유와 인권침해가 얼마나 심각한지 단적으로 드러낸다.

1. 북한주민의 종교자유에 대한 인식 수준

1) 조사개요

본 조사는 북한의 종교자유 수준을 확인하기 위하여 2007년 이후 국내 입국하는 북한이탈주민을 대상으로 구조화된 설문지를 활용하여 진행되고 있다. 이번 2025년 종교백서는 2007년부터 2025년 7월까지 입국한 이들을 대상으로 한 누적 조사 결과를 포함하고 있으며, 이후 진행된 조사 결과는 차기 백서에 반영될 예정이다.

이는 북한인권정보센터에서 실시하는 북한인권피해 조사의 일부 영역이며, 조사에서 종교박해 사건과 관련된 내용은 북한인권정보센터 부설 북한인권기록보존소 「NKDB 통합인권 DB」에도 분석 · 포함되어 있다.

북한의 종교자유 수준을 측정하기 위한 설문조사에 참여한 대상자의 인구학적 배경은 다음과 같다. 먼저 조사 대상자의 성별은 남성 3,143명(20.6%), 여성 12,149명(79.4%)으로 나타나며, 이는 국내에 입국한 누적 북한이탈주민 인구와 유사하게 여성의 비율이 높은 것을 보여준다.

〈표 4-1〉 조사 대상자 성별(명, %)

성별	빈도(명)	비율(%)
남	3,143	20.6%
여	12,149	79.4%
무응답	11	0.1%
합계	15,303	100.0%

[그림 4-1] 조사 대상자 성별(%)

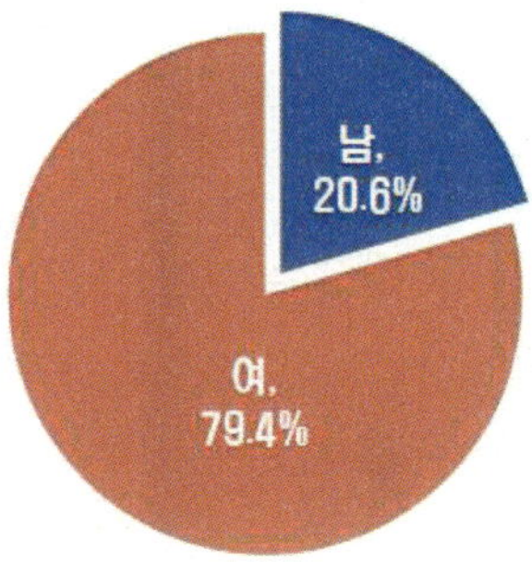

최종 탈북 시기를 조사한 결과, 1999년 이전까지 탈북한 비율은 11.6%, 2000년대 46.2%, 2010년대 40.2%, 2020년 이후 0.3%로 나타났다.

조사 대상자의 최종 탈북 시기에 대한 연도별 비율은 2011년에 최고점을 기록한 후 점차 감소하는 추세를 보였다. 이는 북한 내부의 탈북 단속 강화와 북·중 국경의 엄격한 통제가 주요 요인으로 작용했음을 시사한다. 특히, 코로나19 팬데믹 동안 북한은 국경을 봉쇄하고 중국과의 무역을 대폭 축소하면서 탈북 시도 자체를 극도로 어렵게 만들었다. 이로 인해 2020년 이후 탈북한 비율은 0.3%로 매우 낮은 값을 보인다.

〈표 4-2〉 조사 대상자 최종 탈북 시기(명, %)

탈북시기	빈도(명)	비율(%)
1999년 이전	1,780	11.6%
2000년대	7,075	46.2%
2010년대	6,149	40.2%
2020년대	39	0.3%
무응답	260	1.7%
합계	15,303	100.0%

[그림 4-2] 조사 대상자 최종 탈북시기(%)

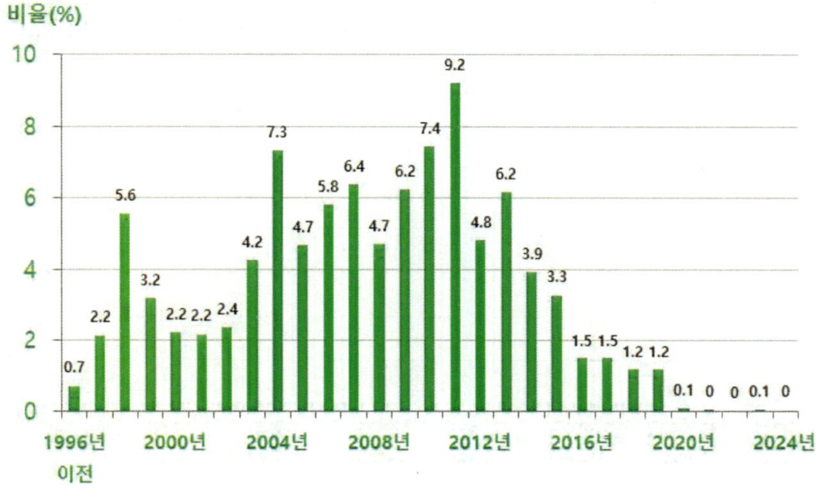

〈표 4-3〉에서 확인할 수 있듯이, 북한에서 최종 거주했던 지역을 조사한 결과 국경 인근인 함경북도가 55%로 가장 높은 비율을 차지했다. 함경남도 7.3%를 포함하면 함경도 출신의 비율은 62.3%로 절대적 다수를 차지하고 있다. 반면, 그 외 지역의 비율은 양강도 24.9%를 제외하면 모두 3% 이하로 낮은 수치를 보였다. 함경도 출신 비율은 2008년 종교백서 기준 84.2%에 비해 감소하고 있으나 여전히 과반을 차지하고 있으며, 양강도의 비율은 꾸준히 증가하는 경향을 보이고 있다.

이러한 분포는 한국에 입국한 북한이탈주민 전체의 거주지역 분포와 대체로 유사한 특징을 나타내고 있다. 함경도 출신 비율의 우세는 조사 결과의 편향 가능성을 시사할 수도 있는데, 종교의 자유에 관한 실태 정보가 함경도라는 특정 지역에서 목격하거나 경험된 사건이 다수라는 것을 의미한다. 그러나 북한은 전국적으로 단일한 통제체제를 갖고 있으며, 평양을 제외하면 지역 간 생활문화의 차이가 거의 없기 때문에 조사 결과는 북한 전체 지역을 포괄적으로 보여주는 것으로 볼 수 있다.

〈표 4-3〉 조사 대상자 재북 거주 지역(명, %)

재북 거주지	빈도(명)	비율(%)
강원도	247	1.6%
개성시	5	0.0%
남포시	9	0.1%
라선시	8	0.1%
양강도	3,805	24.9%
자강도	114	0.7%
평안남도	473	3.1%
평안북도	304	2.0%
평양시	255	1.7%
함경남도	1,111	7.3%
함경북도	8,411	55.0%
황해남도	146	1.0%
황해북도	201	1.3%
기타	50	0.3%
무응답	164	1.1%
합계	15,303	100.0%

[그림 4-3] 조사 대상자 재북 거주 지역(%)

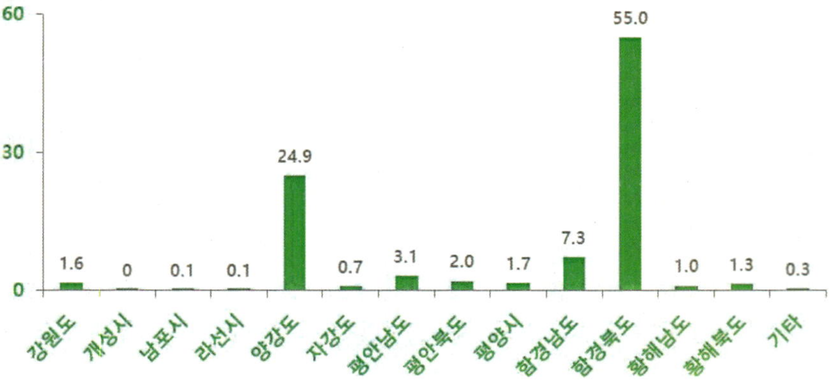

2) 종교자유 인식 수준

(1) 종교 활동 자유

북한 주민의 종교자유를 보장하기 위해서는 북한 전역에서 종교 활동이 국가 통제 밖에서 이루어져야 한다. 북한의 헌법에는 종교의 자유를 보장하는 규정이 명시되어 있으나, 실제로 북한 사회에서 주민들이 제한 없이 종교 활동을 하고 있다는 객관적인 정보는 존재하지 않는다.

"북한에서 자유롭게 종교 활동을 할 수 있는가?"라는 질문에 대해 유효응답자 14,700명 중 14,646명(99.6%)이 종교 활동이 금지되어 있다고 답하였다. 이러한 결과는 북한에서 종교 활동이 비밀리에만 가능하거나, 북한의 공식적인 종교시설에서 외국 방문객 초청 등 특수 목적을 위한 종교 활동이 형식적으로 이루어지는 상황을 시사한다. 특히 1996년 이전부터 2024년에 이르기까지 종교활동을 허용하지 않는다는 응답이 꾸준히 전체의 90% 이상을 차지한다는 점은 북한 내에서 종교 활동이 변함없이 허용되지 않고 있다는 사실을 확증한다.

〈표 4-4〉 종교 활동 허용 여부(명, %)

종교 활동 허용 여부	빈도(명)	비율(%)	유효 비율(%)
허용함	54	0.4%	0.4%
허용하지 않음	14,646	95.7%	99.6%
합계	14,700	96.1%	100.0%
모름/미상	603	3.9%	
합계	15,303	100.0%	

〈표 4-5〉 탈북 시기별 종교 활동 허용 여부(명, %)

탈북 시기	허용함	허용하지 않음	합계
1996년 이전	0	100	100
	0.0%	100.0%	100.0%
1997년	2	312	314
	0.6%	99.4%	100.0%
1998년	2	815	817
	0.2%	99.8%	100.0%
1999년	0	464	464
	0.0%	100.0%	100.0%
2000년	2	320	322
	0.6%	99.4%	100.0%
2001년	2	309	311
	0.6%	99.4%	100.0%
2002년	1	344	345
	0.3%	99.7%	100.0%
2003년	1	618	619
	0.2%	99.8%	100.0%
2004년	6	1,086	1,092
	0.5%	99.5%	100.0%
2005년	3	684	687
	0.4%	99.6%	100.0%
2006년	1	837	838
	0.1%	99.9%	100.0%
2007년	5	908	913
	0.5%	99.5%	100.0%
2008년	2	698	700
	0.3%	99.7%	100.0%
2009년	4	921	925
	0.4%	99.6%	100.0%
2010년	5	1,099	1,104
	0.5%	99.5%	100.0%
2011년	2	1,382	1,384
	0.1%	99.9%	100.0%
2012년	2	713	715
	0.3%	99.7%	100.0%
2013년	4	922	926
	0.4%	99.6%	100.0%
2014년	4	589	593
	0.7%	99.3%	100.0%
2015년	4	486	490
	0.8%	99.2%	100.0%

2016년	1	223	224
	0.4%	99.6%	100.0%
2017년	0	220	220
	0.0%	100.0%	100.0%
2018년	0	179	179
	0.0%	100.0%	100.0%
2019년	0	174	174
	0.0%	100.0%	100.0%
2020년	0	15	15
	0.0%	100.0%	100.0%
2021년	0	6	6
	0.0%	100.0%	100.0%
2022년	0	3	3
	0.0%	100.0%	100.0%
2023년	0	9	9
	0.0%	100.0%	100.0%
2024년	0	5	5
	0.0%	100.0%	100.0%
합계	53	14,441	14,494
	0.4%	99.6%	100.0%

[그림 4-4] 종교 활동 허용 여부(%)

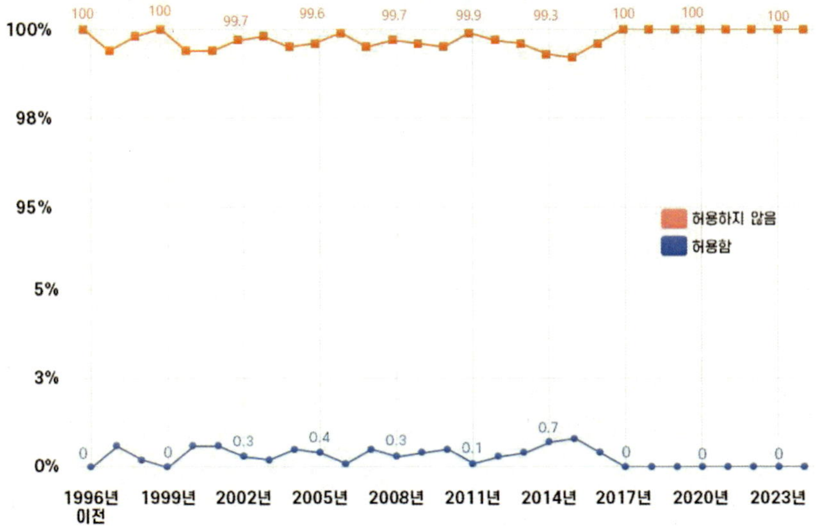

북한당국은 평양에 교회와 성당 등 종교시설을 운영하고 있으며, 지방에는 종교시설을 대체하여 당국이 인정하는 가정예배 처소가 있다고 주장해왔다. 이를 확인하기 위해 평양 이외 지역의 합법적인 가정예배 장소의 존재에 대해 질문을 진행한 결과, 유효응답자의 98.7%가 그런 장소는 존재하지 않는다고 답하였다. 따라서 북한당국의 주장처럼 평양 외 지역에서 종교 활동을 위한 가정예배 장소가 인정되고 있을 가능성은 거의 없는 것으로 보인다.

북한에 합법적인 가정예배 처소가 있다고 응답한 1.3%의 경우, 이들이 실제로 그런 시설을 본 것이 아니라, 이러한 시설이 존재한다는 선전이나 주장에 따라 응답했을 가능성이 있다. 특히 2020년 이후 가정예배처소가 있다는 응답은 전혀 나타나지 않는다.

〈표 4-6〉 합법적 가정예배 처소 유무(명, %)

가정예배 처소	빈도(명)	비율(%)	유효 비율(%)
있음	194	1.3%	1.3%
없음	14,737	96.3%	98.7%
합계	14,931	97.6%	100.0%
모름/미상	372	2.4%	
합계	15,303	100.0%	

〈표 4-7〉 탈북 시기별 합법적 가정예배 처소(명, %)

탈북 시기	있음	없음	합계
1996년 이전	5	95	100
	5.0%	95.0%	100.0%
1997년	5	310	315
	1.6%	98.4%	100.0%
1998년	16	819	835
	1.9%	98.1%	100.0%
1999년	12	459	471
	2.5%	97.5%	100.0%
2000년	3	331	334
	0.9%	99.1%	100.0%
2001년	4	317	321

	1.2%	98.8%	100.0%
2002년	4	352	356
	1.1%	98.9%	100.0%
2003년	6	620	626
	1.0%	99.0%	100.0%
2004년	19	1075	1094
	1.7%	98.3%	100.0%
2005년	10	692	702
	1.4%	98.6%	100.0%
2006년	14	843	857
	1.6%	98.4%	100.0%
2007년	8	928	936
	0.9%	99.1%	100.0%
2008년	11	698	709
	1.6%	98.4%	100.0%
2009년	7	921	928
	0.8%	99.2%	100.0%
2010년	8	1,123	1,131
	0.7%	99.3%	100.0%
2011년	17	1,380	1,397
	1.2%	98.8%	100.0%
2012년	12	714	726
	1.7%	98.3%	100.0%
2013년	7	930	937
	0.7%	99.3%	100.0%
2014년	6	595	601
	1.0%	99.0%	100.0%
2015년	10	491	501
	2.0%	98.0%	100.0%
2016년	0	224	224
	0.0%	100.0%	100.0%
2017년	5	216	221
	2.3%	97.7%	100.0%
2018년	1	177	178
	0.6%	99.4%	100.0%
2019년	3	174	177
	1.7%	98.3%	100.0%
2020년	0	15	15
	0.0%	100.0%	100.0%
2021년	0	6	6
	0.0%	100.0%	100.0%
2022년	0	3	3
	0.0%	100.0%	100.0%

2023년	0	10	10
	0.0%	100.0%	100.0%
2024년	0	5	5
	0.0%	100.0%	100.0%
합계	193	14,523	14,716
	1.3%	98.7%	100.0%

[그림 4-5] 합법적 가정예배 처소(%)

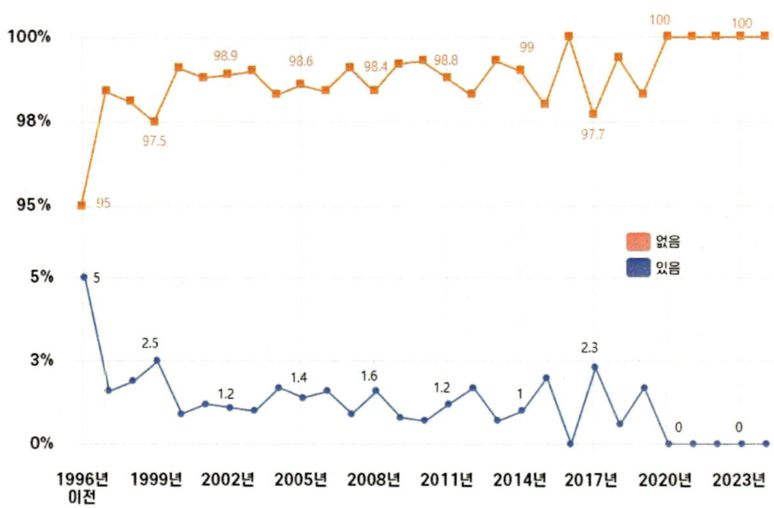

(2) 종교 활동 참여 수준

북한에서 종교시설(교회, 성당, 절 등)을 합법적으로 방문한 경험 여부에 대한 조사결과, 유효응답자 15,035명 중 119명(0.8%)만이 종교시설을 방문한 경험이 있었다. 북한에서 종교시설을 합법적으로 방문하는 것은 공식적인 행사나 특별한 경우를 제외하면 매우 드문 일이지만, 극소수가 꾸준히 참여해온 것은 확인할 수 있다. 그러나 2020년 이후 확인되지 않고 있다. 코로나 이후, 특히 해외 종교인 방문이 불가하면서 공식적인 종교활동 역시 진행되지 않았을 가능성이 있다. 또한 이는 일반인들이 종교적 목적의 시설 방문을 거의 할 수 없다는 것을 의미한다.

〈표 4-8〉 합법적 종교시설 방문(명, %)

종교시설 방문 경험	빈도(명)	비율(%)	유효 비율(%)
있음	119	0.8	0.8
없음	14,916	97.5	99.2
합계	15,035	98.2	100.0
모름/미상	268	1.8	
합계	15,303	100.0	

〈표 4-9〉 탈북 시기별 합법적 종교시설 방문(명, %)

탈북 시기	있음	없음	합계
1996년 이전	1	101	102
	1.0%	99.0%	100.0%
1997년	3	317	320
	0.9%	99.1%	100.0%
1998년	4	834	838
	0.5%	99.5%	100.0%
1999년	4	474	478
	0.8%	99.2%	100.0%
2000년	0	336	336
	0.0%	100.0%	100.0%
2001년	3	324	327
	0.9%	99.1%	100.0%
2002년	1	358	359
	0.3%	99.7%	100.0%
2003년	5	623	628
	0.8%	99.2%	100.0%
2004년	6	1,103	1,109
	0.5%	99.5%	100.0%
2005년	6	701	707
	0.8%	99.2%	100.0%
2006년	5	861	866
	0.6%	99.4%	100.0%
2007년	6	937	943
	0.6%	99.4%	100.0%
2008년	1	711	712
	0.1%	99.9%	100.0%

2009년	7	925	932
	0.8%	99.2%	100.0%
2010년	6	1124	1,130
	0.5%	99.5%	100.0%
2011년	16	1,386	1,402
	1.1%	98.9%	100.0%
2012년	11	718	729
	1.5%	98.5%	100.0%
2013년	5	937	942
	0.5%	99.5%	100.0%
2014년	7	596	603
	1.2%	98.8%	100.0%
2015년	2	499	501
	0.4%	99.6%	100.0%
2016년	1	226	227
	0.4%	99.6%	100.0%
2017년	6	218	224
	2.7%	97.3%	100.0%
2018년	5	175	180
	2.8%	97.2%	100.0%
2019년	6	173	179
	3.4%	96.6%	100.0%
2020년	0	15	15
	0.0%	100.0%	100.0%
2021년	0	6	6
	0.0%	100.0%	100.0%
2022년	0	3	3
	0.0%	100.0%	100.0%
2023년	0	10	10
	0.0%	100.0%	100.0%
2024년	1	4	5
	20.0%	80.0%	100.0%
합계	118	14,695	14,813
	0.8%	99.2%	100.0%

[그림 4-6] 종교시설 방문 경험(%)

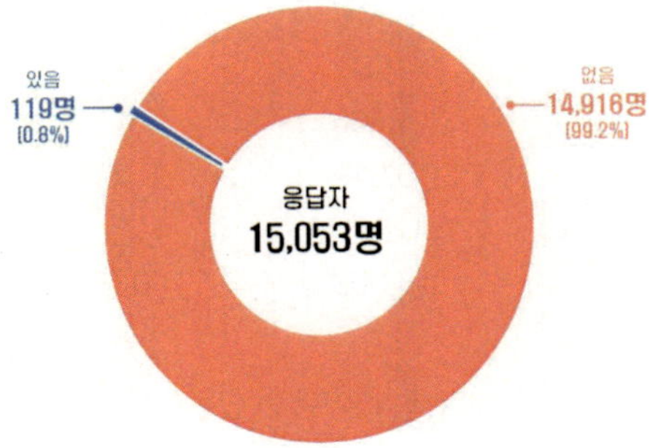

현재까지 북한에서 자유롭고 공개적인 종교 활동은 불가능하다. 그럼에도 일부에서는 비공개적인 종교 활동이 이루어지고 있는 것이 보고되고 있다. 〈표 4-10〉의 조사 결과에 따르면, 유효응답자 중 1.2%인 173명이 북한에서 종교 활동에 몰래 참여한 경험이 있다고 답하였다. 비밀 종교활동 경험이 있다고 응답한 이들의 탈북 시기는 2000년대 66명, 2010년대 93명으로 2000년대~2010년대 비밀 종교활동을 경험한 이들이 92%(159명)를 차지한다. 이는 2000년 이후 중국 내 북한이탈주민 종교교육과 이들을 통한 성경 유입 등 북한 안으로 선교활동이 활발해지면서 북한 내에서 비밀 종교 활동이 일정 부분 이루어지고 있다는 사실을 뒷받침한다. 또한, 2020년 이후 탈북한 이들 중 비밀 종교 활동에 참여한 비율은 전혀 보고되지 않아 코로나 이후 국경 통제 상황을 짐작할 수 있다.

1980년대 중반부터 북한 선교활동을 진행해 온 선교단체들의 주장과 실제로 북한에서 비밀 종교 활동을 하다가 생존하여 탈북한 일부 인물들의 존재를 고려할 때, 비밀 종교 활동이 존재한다는 사실은 부인할 수 없다. 또한, 비밀 종교 활동이 일반 대중에게 드러나지 않는 이유는 북한당국이 이를 반국가사범으로 간주하고 가장 가혹한 처벌을 가하기 때문이다. 반면 이러한 배경에서 실질적인 비밀 종교 활동 상황과 규모 역시 확인이 불가능하다는 점을 인지할 필요가 있다.

〈표 4-10〉 비밀 종교 활동 참여(명, %)

비밀 종교 활동 참여	빈도(명)	비율(%)	유효 비율(%)
있음	173	1.1	1.2
없음	14,866	97.1	98.8
합계	15,039	98.3	100.0
모름/미상	264	1.7	
합계	15,303	100.0	

〈표 4-11〉 탈북 시기별 비밀 종교 활동 참여 경험(명, %)

탈북 시기	있음	없음	합계
1996년 이전	1	100	101
	1.0%	99.0%	100.0%
1997년	3	319	322
	0.9%	99.1%	100.0%
1998년	2	837	839
	0.2%	99.8%	100.0%
1999년	3	474	477
	0.6%	99.4%	100.0%
2000년	0	336	336
	0.0%	100.0%	100.0%
2001년	4	324	328
	1.2%	98.8%	100.0%
2002년	4	355	359
	1.1%	98.9%	100.0%
2003년	6	623	629
	1.0%	99.0%	100.0%
2004년	6	1101	1107
	0.5%	99.5%	100.0%
2005년	8	698	706
	1.1%	98.9%	100.0%
2006년	11	856	867
	1.3%	98.7%	100.0%
2007년	9	935	944
	1.0%	99.0%	100.0%
2008년	7	707	714
	1.0%	99.0%	100.0%
2009년	11	920	931
	1.2%	98.8%	100.0%
2010년	19	1,110	1,129

	1.7%	98.3%	100.0%
2011년	27	1,376	1,403
	1.9%	98.1%	100.0%
2012년	7	722	729
	1.0%	99.0%	100.0%
2013년	10	931	941
	1.1%	98.9%	100.0%
2014년	12	591	603
	2.0%	98.0%	100.0%
2015년	6	495	501
	1.2%	98.8%	100.0%
2016년	4	224	228
	1.8%	98.2%	100.0%
2017년	3	221	224
	1.3%	98.7%	100.0%
2018년	2	178	180
	1.1%	98.9%	100.0%
2019년	3	176	179
	1.7%	98.3%	100.0%
2020년	0	15	15
	0.0%	100.0%	100.0%
2021년	0	6	6
	0.0%	100.0%	100.0%
2022년	0	3	3
	0.0%	100.0%	100.0%
2023년	0	10	10
	0.0%	100.0%	100.0%
2024년	0	5	5
	0.0%	100.0%	100.0%
합계	168	14,648	14,816
	1.1%	98.9%	100.0%

[그림 4-7] 비밀 종교 활동 참여 경험(%)

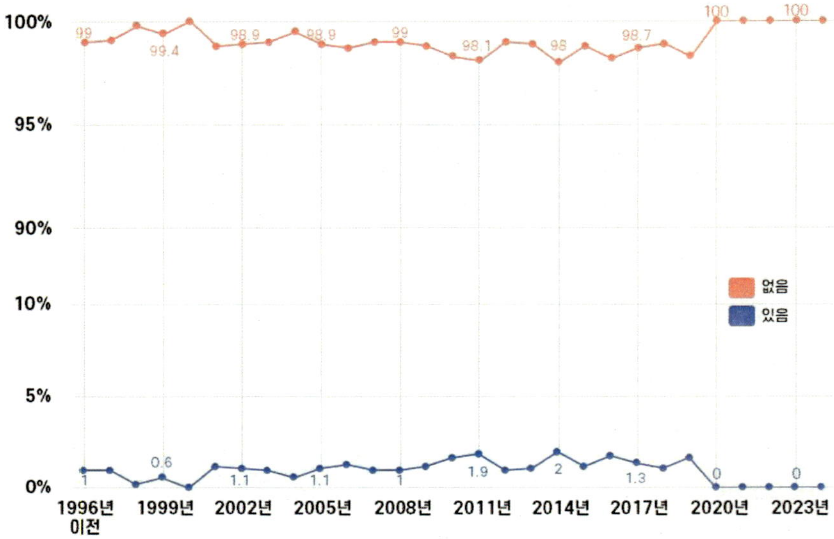

북한에서 이루어지는 종교 활동의 실태를 보다 구체적으로 파악하기 위해, 직접 종교 활동에 참여하지는 않더라도 타인의 비밀 종교 활동을 목격한 적이 있는지 조사했다. 유효응답자 15,013명 중 709명(4.7%)이 비밀 종교 활동을 목격했다고 응답했다. 이는 직접 비밀 종교 활동에 참여한 173명(1.2%)과 비교할 때 더 높은 수치이나 구체적으로 어떤 경로로 목격되었는지는 확인되지 않는다. 다만 북한에서 개인적 또는 집단적으로 종교 활동을 하고 있는 신앙인이 일부 존재한다는 것을 재확인할 수 있다.

〈표 4-12〉 비밀 종교 활동 목격(명, %)

비밀 종교 활동 목격	빈도(명)	비율(%)	유효 비율(%)
있음	709	4.6	4.7
없음	14,304	93.5	95.3
합계	15,013	98.1	100.0
모름/미상	290	1.9	
합계	15,303	100.0	

〈표 4-13〉 탈북 시기별 비밀 종교 활동 목격(명, %)

탈북 시기	있음	없음	합계
1996년 이전	5	96	101
	5.0%	95.0%	100.0%
1997년	10	312	322
	3.1%	96.9%	100.0%
1998년	16	822	838
	1.9%	98.1%	100.0%
1999년	11	464	475
	2.3%	97.7%	100.0%
2000년	7	328	335
	2.1%	97.9%	100.0%
2001년	11	315	326
	3.4%	96.6%	100.0%
2002년	16	342	358
	4.5%	95.5%	100.0%
2003년	22	607	629
	3.5%	96.5%	100.0%
2004년	40	1061	1101
	3.6%	96.4%	100.0%
2005년	36	670	706
	5.1%	94.9%	100.0%
2006년	60	802	862
	7.0%	93.0%	100.0%
2007년	37	905	942
	3.9%	96.1%	100.0%
2008년	32	679	711
	4.5%	95.5%	100.0%
2009년	39	893	932
	4.2%	95.8%	100.0%
2010년	77	1052	1129
	6.8%	93.2%	100.0%
2011년	96	1305	1401
	6.9%	93.1%	100.0%
2012년	39	690	729
	5.3%	94.7%	100.0%
2013년	39	901	940
	4.1%	95.9%	100.0%
2014년	30	573	603
	5.0%	95.0%	100.0%
2015년	27	475	502
	5.4%	94.6%	100.0%

2016년	19	208	227
	8.4%	91.6%	100.0%
2017년	13	211	224
	5.8%	94.2%	100.0%
2018년	3	177	180
	1.7%	98.3%	100.0%
2019년	9	170	179
	5.0%	95.0%	100.0%
2020년	1	14	15
	6.7%	93.3%	100.0%
2021년	0	6	6
	0.0%	100.0%	100.0%
2022년	1	2	3
	33.3%	66.7%	100.0%
2023년	1	9	10
	10.0%	90.0%	100.0%
2024년	1	4	5
	20.0%	80.0%	100.0%
합계	698	14093	14791
	4.7%	95.3%	100.0%

[그림 4-8] 비밀 종교 활동 목격 경험(%)

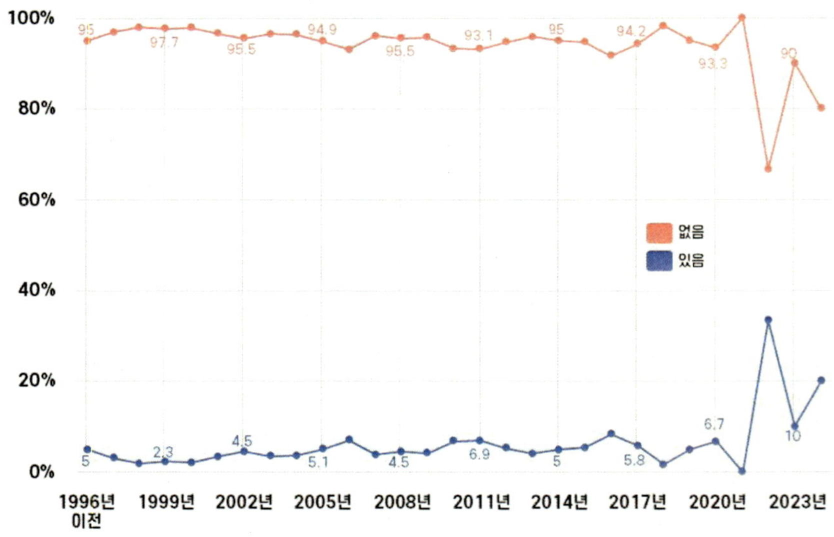

북한 내 직접적인 종교 활동 참여뿐만 아니라, 종교 활성화에 필요한 정보 접근 여부를 파악하기 위해 북한 생활 당시 성경책을 본 경험이 있는지 조사했다. 조사 결과, 북한 생활 중 성경을 본 경험이 있는 유효 응답자는 3.9%(589명)였으며, 특히 2000년 이전에 탈북한 경우는 단 16명만이 북한 내에서 성경을 본 경험이 있다고 응답하였다. 반면, 2000년 이후 탈북한 응답자 중 성경을 본 경험자는 565명에 달해 큰 차이를 보였다. 2000년 이전에는 북한에서 성경책을 본 사례가 매우 드물었으나, 그 이후에는 선교에 따른 종교활동과 함께 성경책의 유입도 증가하면서 그 사례도 늘어나고 있음을 알 수 있다. 그러나 2020년 이후에는 북·중 국경 강화로 인해 성경책을 본 경험자는 거의 없었다.

〈표 4-14〉 성경책 본 경험(명, %)

성경책 본 경험	빈도(명)	비율(%)	유효 비율(%)
있음	589	3.8	3.9
없음	14,443	94.4	96.1
합계	15,032	98.2	100.0
모름/미상	271	1.8	
합계	15,303	100.0	

〈표 4-15〉 탈북 시기별 성경책 본 경험(명, %)

탈북 시기	있음	없음	합계
1996년 이전	1	100	101
	1.0%	99.0%	100.0%
1997년	2	322	324
	.6%	99.4%	100.0%
1998년	7	831	838
	.8%	99.2%	100.0%
1999년	6	472	478
	1.3%	98.7%	100.0%
2000년	1	335	336
	.3%	99.7%	100.0%
2001년	7	321	328
	2.1%	97.9%	100.0%
2002년	13	346	359
	3.6%	96.4%	100.0%

2003년	12	620	632
	1.9%	98.1%	100.0%
2004년	19	1,088	1,107
	1.7%	98.3%	100.0%
2005년	24	682	706
	3.4%	96.6%	100.0%
2006년	29	837	866
	3.3%	96.7%	100.0%
2007년	25	920	945
	2.6%	97.4%	100.0%
2008년	35	680	715
	4.9%	95.1%	100.0%
2009년	39	891	930
	4.2%	95.8%	100.0%
2010년	57	1,073	1,130
	5.0%	95.0%	100.0%
2011년	93	1,309	1,402
	6.6%	93.4%	100.0%
2012년	47	680	727
	6.5%	93.5%	100.0%
2013년	43	898	941
	4.6%	95.4%	100.0%
2014년	40	561	601
	6.7%	93.3%	100.0%
2015년	28	474	502
	5.6%	94.4%	100.0%
2016년	15	210	225
	6.7%	93.3%	100.0%
2017년	13	210	223
	5.8%	94.2%	100.0%
2018년	9	169	178
	5.1%	94.9%	100.0%
2019년	11	166	177
	6.2%	93.8%	100.0%
2020년	0	15	15
	0.0%	100.0%	100.0%
2021년	0	6	6
	0.0%	100.0%	100.0%
2022년	0	3	3
	0.0%	100.0%	100.0%
2023년	5	5	10
	50.0%	50.0%	100.0%
2024년	0	5	5

	0.0%	100.0%	100.0%
합계	581	14,229	14,810
	3.9%	96.1%	100.0%

[그림 4-9] 성경 본 경험(%)

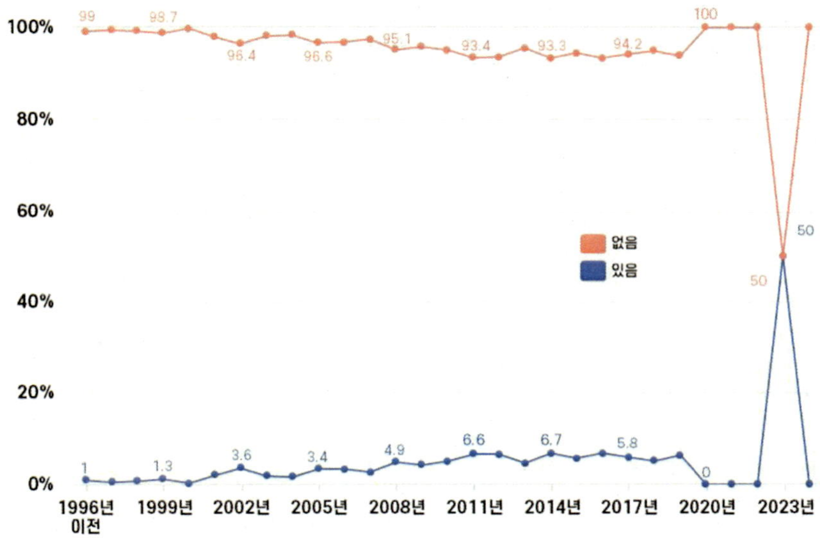

(3) 종교 활동 시 처벌 수준

북한 사회는 일반적으로 종교 활동을 위한 종교시설과 종교에 대한 정보가 보장되지 않는다. 또한 다수 증언에 따르면, 개인이 종교 활동을 하다가 발각될 경우 체포되어 조사를 받게 되며, 이후 그에 따른 처벌을 받게 된다.

종교활동이 적발될 경우 어떠한 처벌을 받게 되는지에 대해 질문한 결과(미상[211]을 제외한 다중응답), 절반에 가까운 응답자(47.5%)는 정치범수용소에 보내진다고 응답하였다. 다음으로 교화소 11.3%, 노동단련대 3.5%, 기타 0.9%로 나타났다. 구체적인 처벌의 내용을 모른다는 응답도 36.4%로

211) 2008년 조사에서 종교활동시 처벌수준 응답에 미상(무응답) 값이 다수 발생하여, 2009년 이후 조사부터는 '모름'을 추가하여 진행함.

높게 나타났다. 반면 종교 활동을 하더라도 처벌을 받지 않는다고 답한 응답자는 0.5%(71명)에 불과하여, 이는 의미 있는 수준으로 보기 힘들다.

〈표 4-16〉 종교 활동 시 처벌 종류(다중응답)

종교 활동 처벌	빈도(명)	비율(%)	케이스 비율(%)
노동단련	530	3.5%	3.7%
교화소	1,718	11.3%	12.0%
정치범수용소	7,245	47.5%	50.4%
기타	133	0.9%	0.9%
처벌하지 않음	71	0.5%	0.5%
모름	5,561	36.4%	38.7%
합계	15,258	100.0%	106.2%

[그림 4-10] 종교 활동 시 처벌 유무(%)

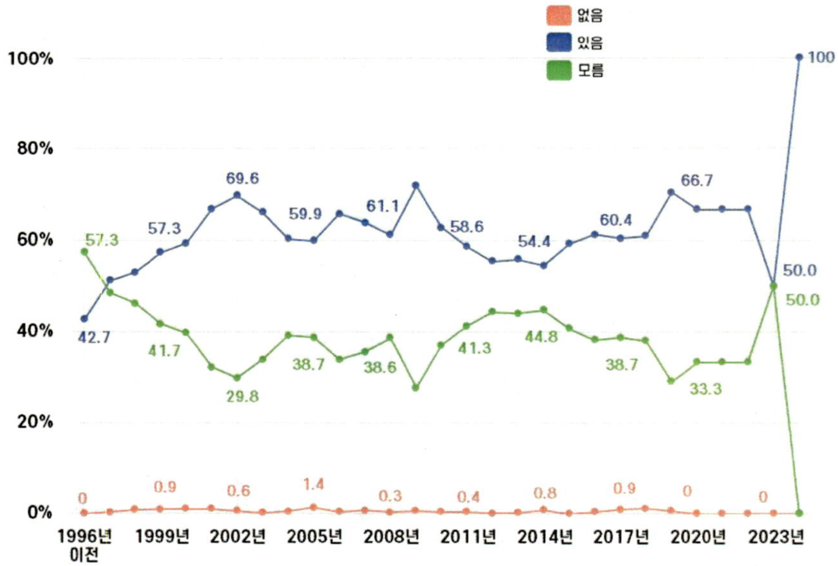

〈표 4-17〉 탈북 시기별 종교 활동 시 처벌 종류(명, %)

탈북 시기	노동 단련대	교화소	정치범 수용소	처벌 없음	모름	기타	합계
1996년 이전	3	7	35	0	55	1	96
	3.1%	7.3%	36.5%	0.0%	57.3%	1.0%	
1997년	4	23	129	1	142	2	293
	1.4%	7.8%	44.0%	0.3%	48.5%	0.7%	
1998년	12	50	364	6	351	4	760
	1.6%	6.6%	47.9%	0.8%	46.2%	0.5%	
1999년	10	43	217	4	182	7	436
	2.3%	9.9%	49.8%	0.9%	41.7%	1.6%	
2000년	4	30	157	3	122	2	307
	1.3%	9.8%	51.1%	1.0%	39.7%	0.7%	
2001년	9	28	175	3	95	4	295
	3.1%	9.5%	59.3%	1.0%	32.2%	1.4%	
2002년	7	31	203	2	97	1	326
	2.1%	9.5%	62.3%	0.6%	29.8%	0.3%	
2003년	13	48	341	1	199	12	588
	2.2%	8.2%	58.0%	0.2%	33.8%	2.0%	
2004년	26	99	541	5	409	13	1,043
	2.5%	9.5%	51.9%	0.5%	39.2%	1.2%	
2005년	11	59	345	9	256	2	661
	1.7%	8.9%	52.2%	1.4%	38.7%	0.3%	
2006년	28	89	445	3	277	4	817
	3.4%	10.9%	54.5%	0.4%	33.9%	0.5%	
2007년	31	110	459	6	321	11	903
	3.4%	12.2%	50.8%	0.7%	35.5%	1.2%	
2008년	20	67	344	2	262	2	679
	2.9%	9.9%	50.7%	0.3%	38.6%	0.3%	
2009년	38	124	502	5	250	2	903
	4.2%	13.7%	55.6%	0.6%	27.7%	0.2%	
2010년	41	135	549	4	411	7	1,112
	3.7%	12.1%	49.4%	0.4%	37.0%	0.6%	
2011년	54	163	603	1	562	2	1,360
	4.0%	12.0%	44.3%	0.1%	41.3%	0.1%	
2012년	27	89	294	1	314	8	707
	3.8%	12.6%	41.6%	0.1%	44.4%	1.1%	
2013년	43	150	386	2	412	6	937
	4.6%	16.0%	41.2%	0.2%	44.0%	0.6%	
2014년	40	69	260	5	269	4	601
	6.7%	11.5%	43.3%	0.8%	44.8%	0.7%	
2015년	21	79	231	0	204	0	500

	4.2%	15.8%	46.2%	0.0%	40.8%	0.0%	
2016년	15	40	119	1	86	6	225
	6.7%	17.8%	52.9%	0.4%	38.2%	2.7%	
2017년	18	52	160	2	86	17	222
	8.1%	23.4%	72.1%	0.9%	38.7%	7.7%	
2018년	13	50	143	2	68	2	179
	7.3%	27.9%	79.9%	1.1%	38.0%	1.1%	
2019년	34	58	124	1	52	9	179
	19.0%	32.4%	69.3%	0.6%	29.1%	5.0%	
2020년	0	2	7	0	5	2	15
	0.0%	13.3%	46.7%	0.0%	33.3%	13.3%	
2021년	0	1	3	0	2	0	6
	0.0%	16.7%	50.0%	0.0%	33.3%	0.0%	
2022년	2	1	1	0	1	0	3
	66.7%	33.3%	33.3%	0.0%	33.3%	0.0%	
2023년	0	3	3	0	5	0	10
	0.0%	30.0%	30.0%	0.0%	50.0%	0.0%	
2024년	1	1	2	0	0	1	5
	20.0%	20.0%	40.0%	0.0%	0.0%	20.0%	
합계	525	1,701	7,142	69	5,495	131	14,168
	3.2%	12.0%	50.4%	0.5%	38.8%	0.9%	

북한에서 종교 활동에 대한 처벌을 구체적으로 조사한 결과, 가장 낮은 처벌인 노동단련형을 선택한 응답자는 3.2%(525명)에 불과했으며, 교화소(한국의 교도소)행은 12%(1,701명)로 나타났다. 이에 반해, 북한 사회에서 가장 높은 처벌에 해당하는 정치범수용소행은 50.4%(7,142명)로 북한에서 종교 활동을 반국가 행위로 간주하는 것으로 보인다. 기타 처벌 항목에는 구금 외에도 총살/사형, 강제실종 등과 같은 처벌이 포함되었다.

정치범수용소행은 대부분의 시기에서 가장 높은 비율의 처벌 형태로 나타나고 있으나, 2019년 이후에는 상대적으로 감소하는 비율을 보이고 있다. 그러나 최근 입국자 및 응답자 규모가 급감함에 따라 소수 인원의 증언으로는 정확한 변화로 단정하기 어려운 한계를 가지기 때문에 종교 활동에 대한 처벌 변화는 향후 지속적인 조사가 필요한 영역이라 하겠다.

[그림 4-11] 종교 활동 시 처벌 종류(%)

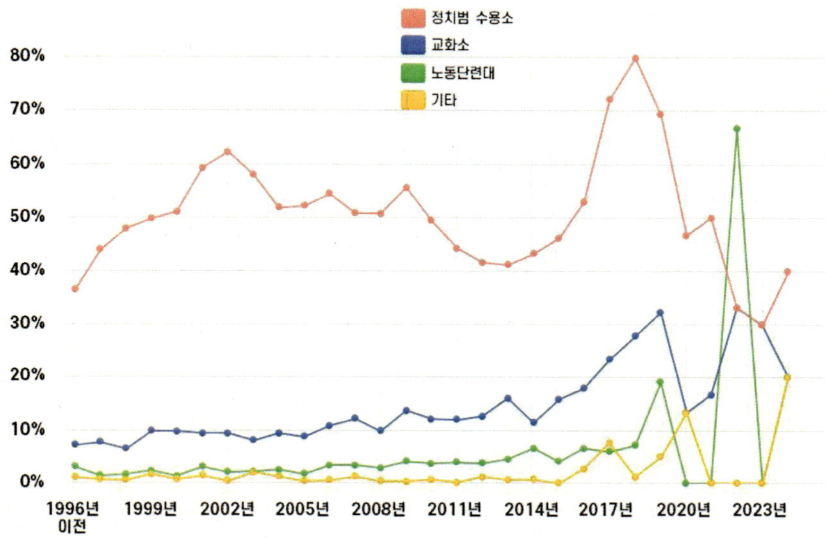

(4) 현재 종교

응답자 본인의 현재 종교 여부에 대해 유효응답자 13,471명 중 기독교는 46.2%(6,218명), 불교 11.7%(1,572명), 천주교 10.6%(1,433명) 순으로 나타났고, 종교가 없다고 응답한 경우는 30.8%(4,151명)로 나타났다.

〈표 4-18〉 현재 종교(명, %)

현재 종교	빈도(명)	비율(%)	유효 비율(%)
종교없음	4,151	27.1%	30.8%
기독교	6,218	40.6%	46.2%
천주교	1,433	9.4%	10.6%
불교	1,572	10.3%	11.7%
기타	97	0.6%	0.7%
합계	13,471	88.0%	100.0%
미상(무응답)	1,832	12.0%	
합계	15,303	100.0%	

[그림 4-12] 현재 종교(%)

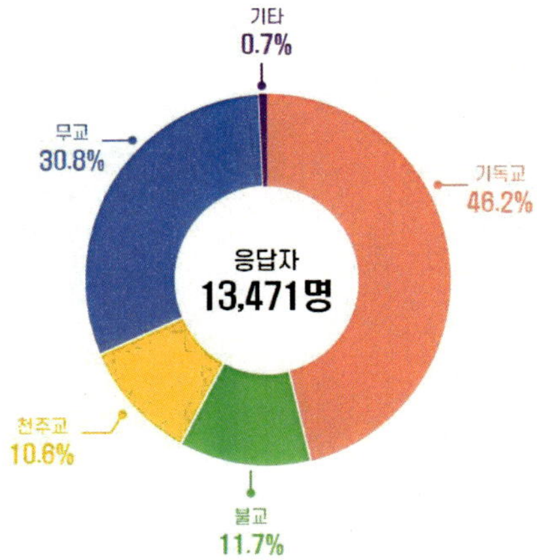

현재 종교가 있다고 응답한 9,320명이 종교 활동을 시작한 시점을 조사한 결과, 국정원 조사시설에서 종교 활동을 시작한 유효응답자가 34.1%(3,129명), 중국 30.0%(2,745명), 하나원 27.4%(2,513명), 중국 외 제3국 6.8%(623명), 북한 1.7%(153명) 순으로 조사되었다.

한국에 입국하기 전에 종교 활동을 시작한 비율(북한 + 중국 + 제3국)은 38.4%, 입국 후 시작한 비율은 61.6%로 입국 후 종교를 갖는 비율이 더 높은 것으로 나타났다. 이는 북한 내 종교 활동에 대한 단속 · 처벌 뿐만 아니라 중국에서 북한이탈주민을 지원하는 종교기관 및 지원자에 대한 단속·처벌이 지속되고 있기 때문으로 보인다.

종교 활동을 시작한 시기를 탈북 시기와 연결해보면, 2000년대까지는 중국에서 종교 활동을 시작한 비율이 가장 높게 나타나지만, 2010년대에는 국내 입국 이후 국정원 조사시설이나 하나원의 비율이 높고, 2020년대의 경우는 중국 이외 제3국이나 하나원이라는 응답 비율이 높게 나타난다. 이는 코로나 이후 중국에서도 반간첩법 및 디지털 감시와 같은 사회통제가 강해지면서 중국 내에서의 종교 활동이 거의 불가능해지고, 대신 비교적 안전한 제3국으로 이동 후 종교 활동이 일정 기간 진행되고 있다는 응답이 증가한 때문으로 보인다. 보통 기독교단체에서 북한이탈주민의 탈북 및 입국 비용을 지원하는 대신 종교 활동 기간을 필수적으로 거치는 경우가 많으며, 이런 활동 지역이 중국에서 제3국으로 변화하고 있음을 보여준다. 다만, 2020년 이후 북중 국경 강화로 탈북 인원이 급감하면서 이 시기 이후 종교 활동에 대한 전반적인 상황은 지속적으로 살펴볼 필요가 있다.

〈표 4-19〉 현재 종교 시작 시기(명, %)

현재 종교	빈도(명)	비율(%)	유효 비율(%)
북한에서부터	153	1.6	1.7
중국에서부터	2,745	29.5	30.0
중국 이외 제3국	623	6.7	6.8
국정원 조사시설에서부터	3,129	33.6	34.1
하나원에 와서	2,513	27.0	27.4
합계	9,163	98.3	100.0
미상	157	1.7	
합계	9,320	100.0%	

〈표 4-20〉 탈북 시기별 종교 활동 시작 시기(명, %)

탈북 시기	1999년 이전	2000년대	2010년대	2020년대	합계
북한에서부터	6	58	87	0	151
	0.5%	1.3%	2.5%	0.0%	1.7%
중국에서부터	582	1,560	556	4	2,702
	51.7%	35.7%	15.8%	22.2%	29.9%
중국 이외 제3국	66	220	325	6	617
	5.9%	5.0%	9.2%	33.3%	6.8%
국정원 조사시설에서부터	232	1,368	1,478	2	3,080
	20.6%	31.3%	41.9%	11.1%	34.1%
하나원에 와서	240	1,160	1,082	6	2,488
	21.3%	26.6%	30.7%	33.3%	27.5%
합계	1,126	4,366	3,528	18	9,038
	100.0%	100.0%	100.0%	100.0%	100.0%

[그림 4-13] 종교 활동 시작 시기(%)

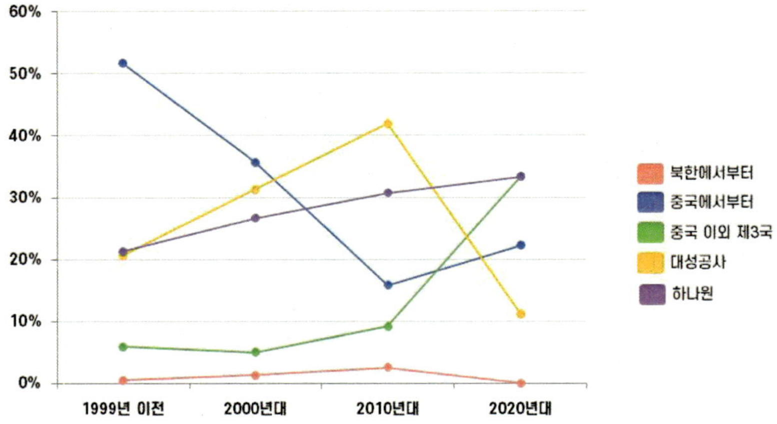

2. 북한의 종교박해 실태

1) 북한종교박해 개괄

(1) 종교박해 조사 및 분석 방법

북한당국의 종교박해 수준을 분석하기 위해 북한인권정보센터 부설 북한인권기록보존소의 「NKDB 통합인권 DB」를 활용·분석하였다. 북한인권기록보존소는 2003년부터 북한 내 인권 침해 기록을 체계적으로 수집하고, 이를 위해 정보 제공자와 심층 인터뷰를 진행하여 북한 인권 침해에 대한 종합적인 자료를 확보해왔다. 이러한 자료는 독자적으로 개발한 분석 양식을 기반으로 데이터베이스(DB)에 정리되어 있으며, 그 결과 북한인권기록보존소는 자체적으로 「NKDB 통합인권 DB」를 구축하여 관리하고 있다.[212)]

「NKDB 통합인권 DB」는 다음과 같은 항목으로 구성되어 있다: 16개 대분류(권리유형: 생명권, 개인의 존엄성 및 자유권, 생존권, 건강권, 교육권, 이주 및 주거권, 결혼과 가정에 대한 권리, 재생산권, 신념 및 표현의 권리, 집회 및 결사권, 재산권, 정치적 참여권, 노동권, 피의자와 구금자의 권리, 외국인 권리, 기타)와 86개 중분류(침해유형), 104개 세부항목, 219개 도구 및 방법 항목.

종교박해 사건은 「NKDB 통합인권 DB」의 신념 및 표현의 권리(대분류) 중 1) 종교박해에 해당하는 사건[213)]과 2) 종교 행위를 이유로 처벌받은 사건[214)]을 포함한다. 이러한 종교박해 사건은 모두 다음과 같은 원인으로 분류된다: 종교 전파, 종교 물품 소지, 종교 활동, 종교인 접촉, 기타.

---

212) 북한인권정보센터와 부설 북한인권기록보존소, 그리고 「NKDB 통합인권 DB」에 대한 구체적 설명은 『2024 북한인권백서』 서울: 북한인권정보센터, 2024)와 http://www.nkdb.org 참조.

213) 종교 행위로 인해 발생한 사건이지만 최종 처벌내용이 명확하지 않을 경우 해당

214) 종교 행위로 인해 발생한 구체적인 처벌(예: 불법구금, 강제추방, 처형)이 있을 경우 해당

(2) 북한종교박해 기초 정보

「NKDB 통합인권 DB」에는 2025년 9월 19일 기준으로 북한 인권 침해 사건 88,764건과 인권 침해 관련 인물 57,510명의 정보가 입력되어 있다. 88,764건의 사건 중 종교박해 관련 사건은 2,189건으로 전체의 2.3%를 차지한다.

〈표 4-21〉 종교박해 사건 규모(건, %)

유형	빈도(건)	비율(%)
종교 전파	174	7.9
종교 물품 소지	368	16.8
종교 활동	1,453	66.4
종교인 접촉	71	3.2
기타	123	5.6
합계	2,189	100.0

[그림 4-14] 종교박해 사건 규모(%)

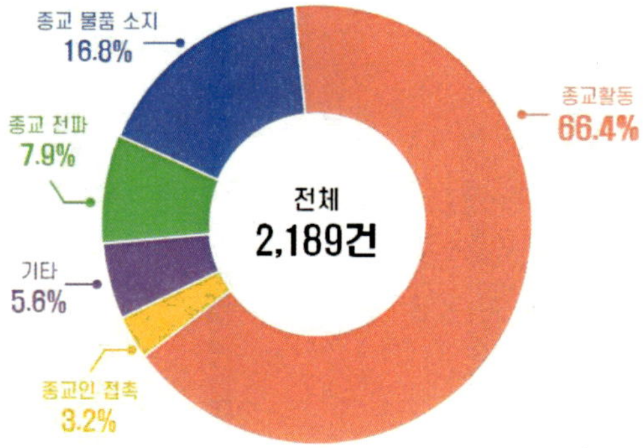

2025년 9월 기준으로 「NKDB 통합인권 DB」에 수집된 북한종교박해 사건은 총 2,189건이며, 이 중 종교 활동에 의한 사건이 1,453건(66.4%)으

로 가장 높은 비중을 차지하였다. 그다음으로 종교 물품 소지 368건(16.8%), 종교 전파 174건(7.9%), 종교인 접촉 71건(3.2%) 순으로 나타났다. 종교박해의 주요 사례는 기도, 찬송가 부르기, 예배 드리기 등 종교 활동을 이유로 처벌받은 경우가 가장 많았으며, 그 외에는 성경책, 십자가 등의 종교 물품을 소지한 경우, 중국 등 제3국에서 선교사나 기독교인과 접촉하거나 북한 내 종교 활동자를 만난 경우가 뒤를 이었다. 또한, 기타 종교적 원인으로 박해받은 사건 중에는 개인의 종교 활동이 직접 발각되지는 않았으나 종교인으로 의심된 경우와 성경책을 소지하지는 않았지만 본 적이 있는 것으로 판단된 경우 등이 포함되었다.

〈표 4-22〉 정보제공자 유형별 발생 건(%)

유형	빈도(건)	비율(%)
피해자	159	7.3
피해자 동료(이웃)	323	14.8
피해자 가족 및 친척	94	4.3
가해자 친척	1	0.0
목격자	540	24.7
기타	1,072	49.0
합계	2,189	100.0

[그림 4-15] 정보제공자 유형별 발생 건(%)

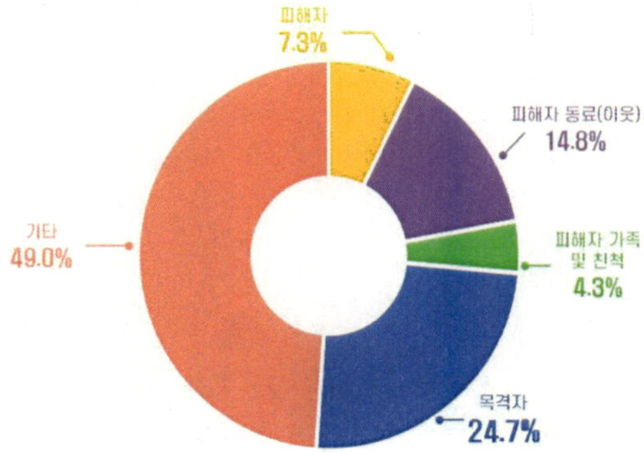

북한당국의 종교박해 사건에 대한 정보를 제공한 인터뷰 대상자 중 사건을 목격한 목격자의 비율이 24.7%로 기타 정보제공자 유형에 이어 가장 높았으며, 피해자 동료(이웃) 14.8%, 피해자 7.3%, 피해자 가족 및 친척 4.3% 순으로 나타났다(〈표 4-22〉). 피해자와 그의 가족의 정보제공자 비율이 낮은 이유는 북한의 종교 행위에 대한 처벌 수준이 매우 높아 연좌제로 인해 본인과 가족이 정치범수용소나 교화소에 강제 수용될 위험이 크고 이로 인해 생존 석방, 또는 탈출이 어려운 상황에 놓이기 때문이다.

〈표 4-23〉 정보 출처(건, %)

유형	빈도(건)	비율(%)
자체 인터뷰	1,415	64.6
편지	1	0.0
신문 혹은 발행 기사	551	25.2
번역된 문서	3	0.1
수기 혹은 출판물	169	7.7
설문지	44	2.0
기타	6	0.3
합계	2,189	100.0

[그림 4-16] 정보출처별 발생 건(%)

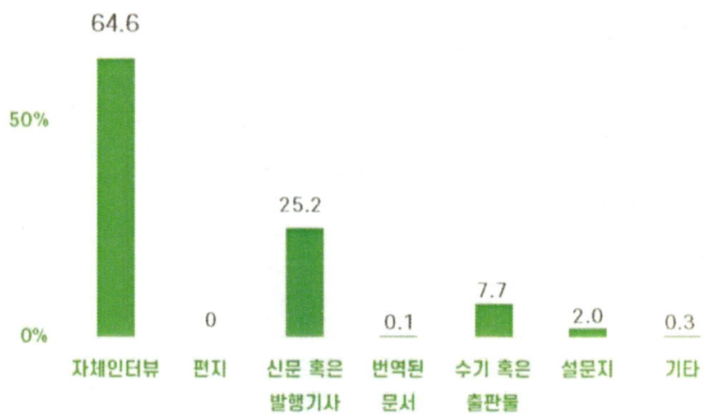

북한종교박해에 관한 정보의 출처 중 64.6%는 북한이탈주민과의 직접 인터뷰를 통해 수집되었다. 다음으로 25.2%는 신문 혹은 발행 기사를 통해서, 7.7%는 수기 혹은 출판물을 통해 입수된 정보이다. 이외 설문지나 편지, 번역문서, 기타자료를 통해 수집된 정보는 전체의 2.5%로 낮은 수준이다.

〈표 4-24〉 정보 형식(건, %)

유형	빈도(건)	비율(%)
목격	805	36.8
경험	159	7.3
득문	1,220	55.7
증언자의 확신	5	0.2
합계	2,189	100.0

[그림 4-17] 종교박해 사건 정보형식(%)

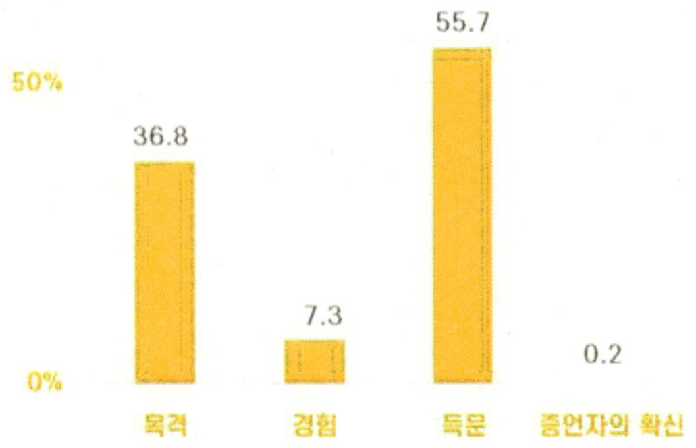

2025년 9월 기준 「NKDB 통합인권 DB」에 수집된 북한종교박해 사건 2,189건 중 목격과 경험에 의해 기록된 사건 비율은 44%였으며, 간접적인 청취에 의한 비율은 55.7%였다.

2) 북한종교박해 사건정보

(1) 사건발생 건 수

〈표 4-25〉 정보 형식(건, %)

유형	빈도(건)	비율(%)	유효 비율(%)
1949년 이전	149	6.8	7.2
1950년대	479	21.9	23.0
1960년대	10	0.5	0.5
1970년대	30	1.4	1.4
1980년대	60	2.7	2.9
1990년대	362	16.5	17.4
2000년대	809	37.0	38.9
2010년대	178	8.1	8.6
2020년 이후	3	0.1	0.1
합계	2,080	95.0	100.0
미상	109	5.0	
합계	2,189	100.0	

북한에서 발생한 종교박해 사건은 2000년대 38.9%로 가장 많이 발생되었고, 1950년대 23%, 1990년대 17.4%가 발생한 것으로 나타났다.

이러한 결과는 1950년대 정권 수립 이후 종교 탄압정책을 통한 다수의 종교인에 대한 억압으로 인해 발생 되었으며, 1990년대에서 2000년에 걸친 사건들은 북한의 식량난과 경제적 어려움으로 인해 대규모 탈북이 발생하였고, 선교활동을 목적으로 다시 북한으로 돌아간 이들을 통해 종교가 북한에 유입된 점과 관련이 있다. 1990년대에서 2000년대 사이 발생한 사건은 전체 사건의 절반 이상(56.3%)을 차지하는 규모이다. 또한, 같은 시기에 남북한 간 교류와 외부 세계와의 접촉이 증가하면서 종교 접촉 기회가 확대된 것도 영향을 미친 것으로 보인다. 반면, 2010년대 이후에는 북·중 국경 통제 강화와 외부 정보 유입에 대한 단속이 심화되면서 북한 내에서 종교에 접촉하거나 참여하는 것이 더욱 어려워졌고, 이로 인해 새롭게 신앙을 갖게 되는 주민의 수가 크게 줄어들면서 종교박해 사건 발생 건수도 감소한 것으로 보인다.

〈표 4-26〉 종교박해 사건 세부 유형에 따른 시기별 발생 건(%)

시기		종교 전파	종교 물품 소지	종교 활동	종교인 접촉	기타	합계
1949년 이전		0	5	142	0	2	149
		0.0%	1.4%	10.3%	0.0%	1.7%	7.2%
1950년대		30	62	362	6	19	479
		18.1%	17.9%	26.2%	8.6%	16.4%	23.0%
1960년대		0	0	10	0	0	10
		0.0%	0.0%	0.7%	0.0%	0.0%	.5%
1970년대		1	9	12	2	6	30
		0.6%	2.6%	0.9%	2.9%	5.2%	1.4%
1980년대		3	13	32	8	4	60
		1.8%	3.8%	2.3%	11.4%	3.4%	2.9%
1990년대		39	49	241	14	19	362
		23.5%	14.2%	17.4%	20.0%	16.4%	17.4%
2000년대		87	185	442	30	65	809
		52.4%	53.5%	32.0%	42.9%	56.0%	38.9%
2010년대		6	23	138	10	1	178
		3.6%	6.6%	10.0%	14.3%	0.9%	8.6%
2020년 이후		0	0	3	0	0	3
		0.0%	0.0%	0.2%	0.0%	0.0%	0.1%
합계		166	346	1,382	70	116	2,080
		100.0%	100.0%	100.0%	100.0%	100.0%	100.0%

[그림 4-18] 종교박해 사건 시기별 발생 비율(%)

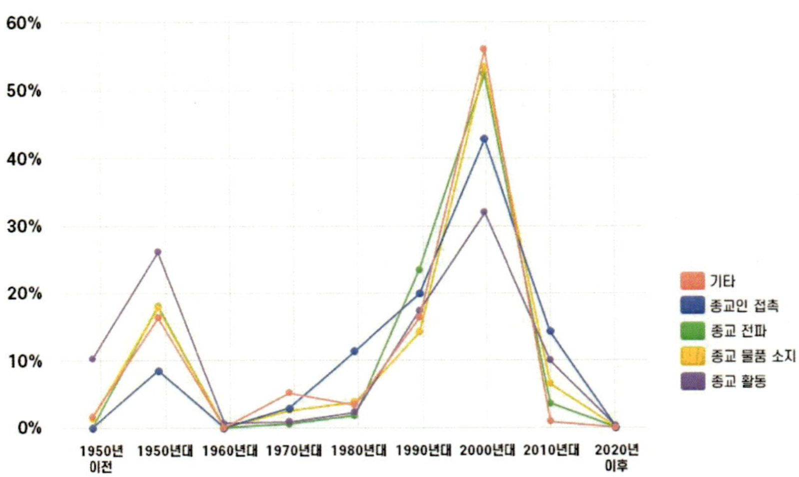

북한에서 종교박해 사건이 가장 많이 발생하는 지역은 함경도 지역으로 나타났다. 함경도는 전체 2,189건의 종교박해 사건 중 34.9%(763건)를 차지하고 있으며, 평안도는 7%(153건), 양강도는 4.3%(95건)로 나타났다. 이는 대부분의 종교박해가 중국과 인접하여 교류가 활발한 지역에서 발생하고 있음을 보여준다. 이러한 현상은 이들 지역의 특성상 중국과의 교류가 활발하고 대규모 북한이탈주민 발생으로 인해 종교를 경험할 수 있는 가능성이 높아졌기 때문이다. 그러나 최근 국내에 입국한 북한이탈주민의 약 67.1%가 함경도 출신임을 고려하면[215], 증언자의 출신 지역 편중 현상이 영향을 미쳤을 가능성도 있다. 따라서 종교박해가 북한 어느 지역에서 집중적으로 발생하는지에 대해서는 보다 심층적인 조사와 연구가 필요한 상황이다.

〈표 4-27〉 사건 발생 지역(건, %)

유형	빈도(건)	비율(%)	유효 비율(%)
평양시	133	6.1	6.1
함경북도	653	29.8	29.9
함경남도	110	5.0	5.0
양강도	95	4.3	4.3
자강도	42	1.9	1.9
평안북도	53	2.4	2.4
평안남도	100	4.6	4.6
황해북도	15	0.7	0.7
황해남도	41	1.9	1.9
강원도	49	2.2	2.2
한국	364	16.6	16.7
중국	51	2.3	2.3
소련	1	0.0	0.0
북한 내 지역	479	21.9	21.9
합계	2,186	99.9	100.0
미상	3	0.1	
합계	2,189	100.0	

215) 「2024년 통일백서」에 따르면, 2023년 12월 말 기준 출신 지역별 입국자 현황은 전체 33,989명 중 함남 2,892명(8.5%), 함북 19,902명(58.6%)임.

[그림 4-19] 종교박해 사건 지역(미상 제외)별 발생 비율(%)

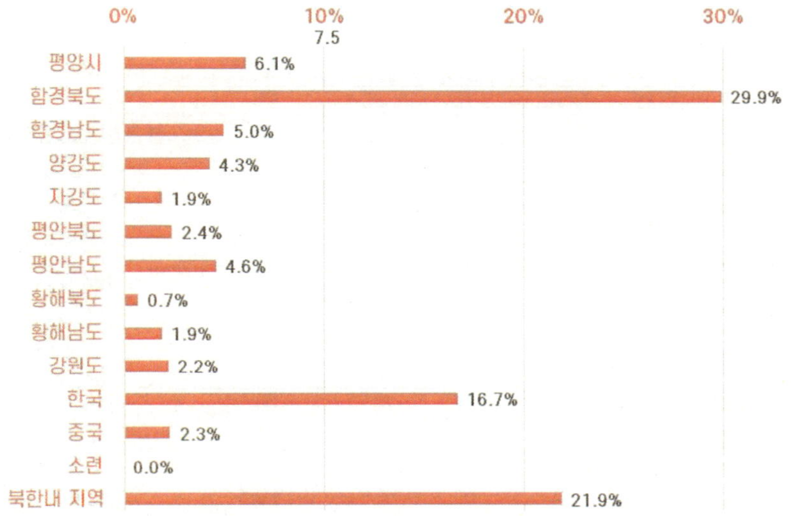

북한에서 종교박해가 발생하는 장소를 조사한 결과, 사건 발생 장소는 〈표 4-28〉에 보이듯이 매우 다양하게 나타났다. 그러나 종교박해 발생 장소에 대한 조사는 일정한 한계를 갖고 있다. 종교박해는 종교 전파, 종교 물품 소지, 종교 활동, 종교인 접촉 등이 당국에 적발되는 순간부터 시작되어 조사와 처벌이 이루어지는 전 과정이 종교박해에 해당되기 때문에 사건 발생 장소를 특정하기는 어렵다. 따라서 본 조사에서는 정보제공자가 관련 사건을 경험하거나 목격한 장소 또는 종교박해 피해자를 목격한 장소를 사건 발생 장소로 기록하였다.

유효 응답 기준으로 살펴보면, 보위부 및 안전부의 조사 및 구금시설이 31.2%(541건)로 가장 높은 비율을 차지했으며, 이어 정치범수용소 16.4%(285건), 교화소 16.3%(283건), 피해자의 집 13.9%(242건) 순으로 나타났다. 이 외 장소에서는 4% 미만의 낮은 비율을 보였다. 이처럼 종교박해는 종교 활동이 당국에 적발·체포되거나 이후 조사 및 처벌 과정에서 주로 발생하며, 조사시설과 구금시설이 주요 박해 장소로 지목되고 있다. 이는 종교박해 사건의 36.8%가 목격에 의해 세상에 알려진 점을 통해서도 알 수 있다. 즉, 북한의 사법기관 조사시설과 구금시설에서 피해자가 종교박해로 고통받는 모습을 목격한 것이 사건 공개의 주요 계기가 되고 있음을 보여준다.

〈표 4-28〉 사건 발생 장소(건, %)

유형	빈도(건)	비율(%)	유효 비율(%)
보위부 및 안전부 조사 및 구류시설	541	24.7	31.2
단련대	39	1.8	2.2
집결소(교양소)	31	1.4	1.8
교화소	283	12.9	16.3
정치범수용소	285	13.0	16.4
군영내	6	0.3	0.3
정신병치료시설	1	0.0	0.1
피해자의 집	242	11.1	13.9
동료나 이웃의 집	2	0.1	0.1
피해자의 일터	56	2.6	3.2
서비스기관 혹은 정부기관	26	1.2	1.5
교육시설	9	0.4	0.5
공공장소	48	2.2	2.8
교통운송 연결	9	0.4	0.5
수송중	2	0.1	0.1
기타	139	6.3	8.0
중국내 구금시설	17	0.8	1.0
합계	1,736	79.3	100.0
미상	453	20.7	
합계	2,189	100.0	

[그림 4-20] 종교박해 사건 장소별 발생 비율(%)

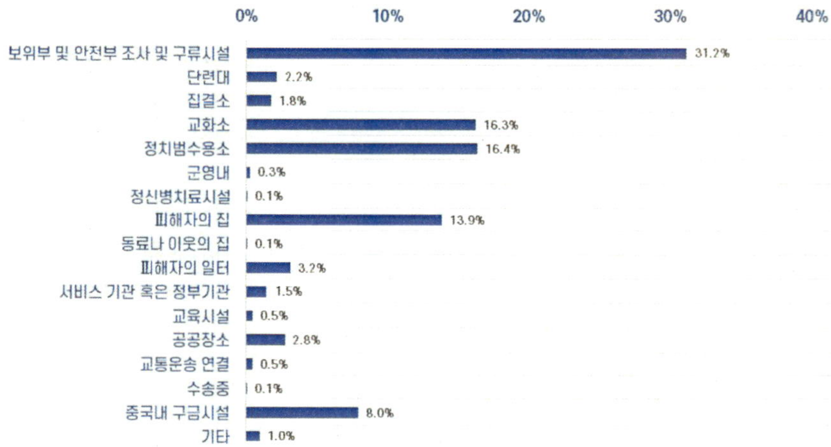

북한종교박해 사건 발생 또는 목격 당시 피해자의 상태는 구금된 경우가 44.8%(981건)로 가장 많았고, 이동의 제한 18%(395건), 사망 15.9%(348건), 실종 6.3%(137건), 상해 4.5%(98건), 추방 및 강제이송 2.6%(57건) 순으로 나타났다. 종교박해 사건의 경우 매우 강력한 처벌이 주어지고 있음을 알 수 있다. 그러나 이러한 처벌 수준은 최종적인 것이 아니라 목격자와 증언자가 목격 당시의 상황을 의미하기 때문에 실제 최종적인 처벌은 더 강도 높을 수 있다고 볼 수 있다.

〈표 4-29〉 피해자 당시 상태(건, %)

유형	빈도(건)	비율(%)
사망	348	15.9
상해	98	4.5
실종	137	6.3
구금	981	44.8
확인안됨(추적불가)	3	0.1
탈주자 신분	2	0.1
이동의 제한	395	18.0
추방 강제이송	57	2.6
기타	168	7.7
합계	2,189	100.0

[그림 4-21] 종교박해 사건 피해자의 당시 상태(%)

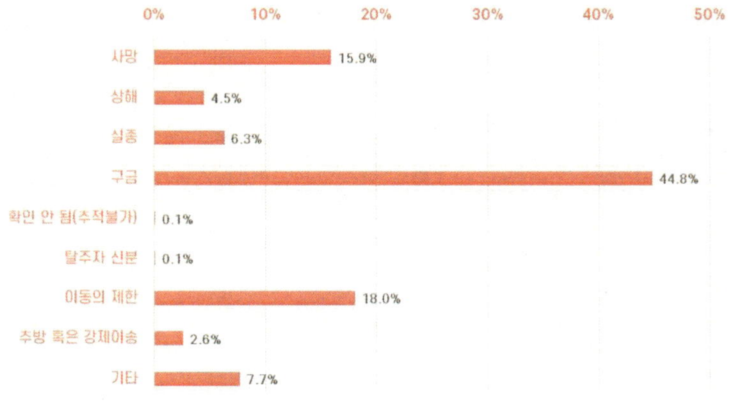

3. 북한의 종교박해 사례

북한은 김일성이 이룩한 초유의 개인 우상화를 기반으로, 그 아들 김정일과 손자 김정은에 이르는 삼대 세습이라는 역사상 전례가 없는 방식으로 초(超)헌법, 초(超)당의 권력으로 집권하고 있는 비정상적인 체제이다. 이러한 체제 아래 북한은 자신의 정권에 위협이 될 수 있는 모든 사상과 문화를 철저히 배격하며, 주민들을 외부 정보로부터 격리하고 있다.[216] 북한당국에게 종교는 정권 유지에 위협이 되는 주요 사상과 문화로 인식되고 있으며, 이에 따라 종교적 활동은 반민족적, 반국가적 행위로 간주되어 정치범죄로 취급된다.

북한에서의 종교박해 처벌 사례는 국내외 언론, 미국 국무부의 『연례 국제종교자유보고서』, 그리고 다양한 북한 인권 관련 NGO와 연구자들의 저서를 통해 알려지고 있다. 현재 북한에서 종교생활은 결코 자유롭지 않으며, 종교인들은 목숨을 걸고 비밀리에 활동하고 있음에도 구체적인 북한 내 종교박해 피해 사건은 충분히 제시되지 못한 상태이다.[217]

이에 매년 발행되는 『북한종교자유 백서』에서는 해당 연도까지 실시한 북한종교 실태 조사를 통해 종교 활동 및 종교 관련 물품 소지 등을 이유로 처벌된 사례를 소개하고자 한다. 여기 제시된 사례는 종교로 인해 직접 처벌을 받거나 다른 사람이 처벌당한 것을 목격한 이들의 증언을 토대로 하고 있다. 또한, 2차 피해를 방지하는 목적에서 대부분 사례에서의 증언자 및 관계자의 개인정보는 제외되거나 수정되었음을 밝힌다.

「NKDB 통합인권 DB」에 등록된 2,189건의 북한종교박해 사례 중 주요 사건유형별로 정리하면 다음과 같다.

---

216) 박성범, 앞의 책, p. 286.

1) 조사과정에서의 박해

북한 내에서 종교생활을 한 사실이 적발되거나 강제송환 후 조사과정에서 종교 활동과 관련된 사실이 밝혀질 경우, 최종 형량이 내려지기 전까지 다른 죄인들에 비해 조사과정에서 심각한 인권침해를 겪는다는 점은 다음의 증언을 통해 확인할 수 있다.

> "그게 11년도 겨울이었어요. 구류장에 잡혀 있었어요. 이 여자는 중국에서 예수를 믿었다고 분리해서 독 감방에 있었어요. 그 여자는 그때 병으로 앓고 있었어요. 위궤양을 심하게 앓았어요. 밥을 제대로 못 먹고 입에 죽을 떠 먹여주고 그랬어요. 종교를 했다고 그랬어요. 국자에 맞아서 죽었어요. 계호원이 때렸어요. 그 여자가 뭐라고 말을 하니까 침을 뱉어나 악이 나서 그랬어요. OO시 보위부 구류장이었어요."[218]

> "우리가 그때 살 때는 그 사람이 종교 하는지 몰랐어요. 그런데 제가 집에 와서 들어보니까 그 사람이 죽었다고 했어요. 왜 죽었냐고 하니까 종교를 해 가지고 그 집이 다 떴었는데 그 여자만 잡혀서 들어왔다고 했어요. 고생하면서 죽기 전까지 기도를 하면서 죽었다고 했어요. 기독교였어요. 하나님 믿었다고 했어요. 도 보위부에서 조사를 받았었는데 그 사람이 똥물을 질질 흘릴 때까지 때리고 패고 그랬다고 했어요. 그 사람 물을 한 모금도 안 먹여서 말려 죽였다고 했어요. 개고생하면서 죽었다고 했어요."[219]

> "기독교 간첩으로 들어왔어요. 제가 생각하기에는 2010년에 교화소 들어왔어요. 교화소에 있다가 정치범으로 갔어요. 어디로 갔는지는 몰라요. 교화소 끝나고 밖에서 차가 대기하고 있었어요. 그 안에서 사도신경을 하고, 주기도문도 외우고, 노래도 하고, 기도도 드리고 그랬어

218) 북한이탈주민 이OO, 2017년 10월 면접
219) 북한이탈주민 최OO, 2018년 5월 면접

요. 그게 탄로 나서 엄청 고문도 많이 받았어요. 고문 받는 거는 보지 못했는데 내가 나간 다음에 들은 말인데 재우지 않고 밤마다 보안과에서 데려다가 취급을 하고 낮에는 허약자들 방에 가둬놨다고 했어요. 거기에 두고 감시를 했다고 했어요."[220)]

"1998년에 보위부에서 잡혀가지고 성경책이 어디서 났는지 따지더라고요. 밤잠도 안 재우고 묶어 놓았어요. 3-4일 굶기기도 하고 그러더라고요. 물 한 모금 안줬어요. 그리고 독 감방에 앉지도 서지도 못하는 감방 같은 곳이 있어요. 차렷 자세로 세워놔요. 마지막에는 기력이 없으니까 앉으려고 하면 앉지 못하고 이상한 자세가 되는 거예요. 앉을 수 없는 공간이었어요. 소변이라도 보겠다고 하면 오줌통 하나 들여보내요. 오줌통 하나 들여보내면서 여기다 싸라는 거예요. 그런데 바지도 벗을 형편이 못돼요. 앉지도 못하고 그러니까. 계호들이 때렸어요. 발로 차고 그렇게 너무 오래 구류장에 있으니까 허약이 오죠. 영양실조 와가지고 발을 걷지도 못하고 그랬어요. 저를 교화소 보내면 산다는 사람이 아무도 없었어요."[221)]

"제가 먼저 구류돼서 한 열흘 있었어요. 이00가 들어온 거예요. 이 사람은 저 있을 때 죽었어요, 거기서. 거기 보위부에서 말하는 거는 그 사람은 기독교 믿는 거 때문에 수감되었다고 했어요. 그 사람이 죽은 거는 남조선 방송과 기독교 때문에 죽었어요. 맞아 죽었죠. 우리 같이 있었어요. 감방에 들어오면 간수들이라고 하거든요. 들어오면 종신으로 몇 년 동안 못 나간 사람들은 따로 있어요. 근데 이 사람이 들어온 거예요. 근데 이 사람이 우리 집에 오면 하나님 뭐 그런 말을 많이 했어요. 그래서 우리가 어떨 때는 어디 가서 그런 말 막 하지 말라고 그러고 그랬거든요. 어떨 때는 정신이 좀 나간 사람이라고 그랬어요. 근데 그 사람이 들어오는 거예요. 들어왔는데 전에 한 번 여기 보위부에 들어왔더래요. 들어왔다가 뇌물 갖다 주고 나갔대요. 나간 지 4년 만에

---

220) 북한이탈주민 이OO, 2015년 5월 면접
221) 북한이탈주민 신OO, 2014년 7월 면접

이 사람이 다시 들어온 거예요. 그런데 구류장 안이 동그래요. 남자들하고 여자들하고 마주보고 있어요. 그러니까 다 보여요. 다 봤죠. 그 사람이 들어오기는 2004년 7월에 들어왔어요. 들어왔다가 죽은 거는 그 때가 초가을인지 늦가을인지. 예심과 지도원들은 막 때려요. 밖에 데리고 나가서 때렸어요."222)

"중국에서 지내던 집에 성경책도 있었고 목사님도 보고 했는데…… 한국으로 갈 수 있다고 호구까지 다 해준다고 하셨는데 이틀 만에 그렇게 잡힌 거예요. OO가 조사과정에서 다 얘기를 했던 거 같아요. 고문이나 매를 많이 맞아서 그렇게 실토할 수밖에 없었던 것 같아요. 그래서 저도 조사를 받으러 들어가서 매를 많이 맞았어요. 매일 같은 취급을 당했어요. 취급을 당하러 들어가면 사람을 한번 떠봐요. 누가 이렇게 얘기했는데 거짓말 한다고…… 그 때 머리채 잡고 구둣발로 차고 보이는 걸로 회초리 같은 걸로 사정없이 때렸어요. 자기네들도 빨리 끝났으면 좋겠는데 안 끝나니까…… 그때 맞은 게 어혈이 올라오는 것 같아요. 그 이후로 머리도 자주 아프고요. 독방 처벌도 받았어요."223)

2) 정치범수용소 구금

북한 내에서 종교생활을 한 사실이 적발되거나 중국에서 종교를 접한 후 종교 물품을 반입하려는 등의 종교 관련 사건이 발생할 경우, 강도 높은 조사과정을 거쳐 최종 형량이 결정된다. 종교와 관련된 사건은 대부분 정치범수용소 구금과 같은 매우 엄중한 처벌로 이어진다는 점이 여러 증언을 통해 확인되었다.

"그니까, 우리 00씨가 북한으로 넘어갔잖아요. 넘어갔는데, 그분 동생이 북한에 있는데, 북한에서 이런 일을 해줘요. 여기서 누굴 찾아달라 하면.. 00씨가 넘어가니까. 힘을 쓴으라고. 그때 10만 원 내라, 중

222) 북한이탈주민 김OO, 2013년 7월 면접
223) 북한이탈주민 오OO, 2012년 5월 면접

국 돈 10만 원으론 안 차요. 10만 원 내라니까 생각을 못 했는데. 이 동생이 손을 낸 것 같아요. 한 며칠 있다가 보니까 판결이 나서 수용소 가니까 '00씨 문건에는 손도 대지 마라.' 그랬다고. 못 건드리더라고요. (북한에서 판결이 났다는 거요? 아니면) 북한에서. (넘어가서 이제 이미 수용소 확정이 됐다.) 네. (못 건드린다.) 네. 북한에서는 기독교라는 것도 없잖아요. 종교라는 것도 없으니까."[224]

"내 동무의 오빠 OOO가 중국에 6개월 동안 있었는데 성경 공부를 했답니다. 6개월만에 왔는데 밥 먹을 때 이렇게 식사하기 전, 그 다음에는 저녁에 잘 때도 손발을 안 씻고 계속 이렇게 기도하니까 집에서 '얘 왜이러니?' 우리 북한은 그런 거 모르니까 '얘 왜이러니?' 했습니다. '얘 혹시 성경이라는 거 공부하지 않았는가?' 이랬는데, 그 집에서만 있던 일인데 보위부가 알게 되었습니다. 근데 보위부에서 잡아넣는데 보위부에 들어가서도 계속 기도하더랍니다. 그니까 반동으로 관리소에 갔습니다. 했대요, 거기서 계속 이렇게 앉아서 기도를. 함북도 청진이란지, 어느 관리소라는지 그런 데로 갔답니다. 근데 그 동생이 그 관리소를 뚫느라고 수태 노력했는데 끝끝내 못 들어갔습니다. 그것도 자기 오빠를 좀 꺼내겠다고요. 못 꺼내 오죠. 좀 만나서 밥이라도 한 술 더 넣어주고 했는데 못 갔습니다. 관리소는 죽어도 못 갑니다."[225]

"김OO이라고 있어요. 보위부에서 잡아다가 정치범에 넣었다고 하더라고요. 가족을 통해 알았어요. OO이는 중국에 가 살았는데 한국 교회 쪽하고 연결이 있었나 봐요. 한국 집사님들이 전도하라고 그런 이야기가 좀 연계가 있었나 봐요. 그런 일을 좀 해서, 그래서 보위부가 잡아서 데려왔어요. 교회 쪽 일을 많이 도와준 것 같아요. 잡아다가 정치범수용소에 처넣었죠. 이게 거짓말이 아니고 한 사람이 도 보위부에서 취조 받던 중에, 그 사람도 일단 중국에 밀수꾼으로 들락날락하다가 보위부에 끌려서 취조 받았는데 OO이를 보위부에서 봤대요. 자기

224) 북한이탈주민 한00, 2025년 4월 면접
225) 북한이탈주민 김00, 2023년 10월 면접

가 봤을 때는 정치범수용소를 떠나는 날이더래요. 다 안 보이는 그런 차 있잖아요, 북한에서는 지프차라고 하거든요. 거기에다 보안원이 넣고. OO이 아예 형체를 모르겠더래요. OO이가 풍채도 좋고 그랬었는데, 늙은이 같더래요. 등이 꼬부라지고 뼈만 남고 형체 알아보기 힘든 정돈데, 거기다가 막 집어넣더래요 그 차에. 한 2012년, 13년 이럴 때인 거죠."226)

"그 사람은 OO관리소에 가족하고 같이 갔어요. 성경책을 중국에서 넘겨가지고 왔어요. 성경책을 가지고 와서 몰래 보다가 시범에 걸려서 가족 통보추방을 갔어요. 영 못 나오는 데로 갔어요. 2008년인가 2009년이었어요. 처하고 자식들이 같이 갔어요. 그 다음에 소식 들은 거는 없어요. 어떻게 죽었는지 살았는지 몰라요. 시범에 걸렸어요. 그 때까지는 성경책을 많이 가져온 사람들은 총살할 때였어요. 그때 한권 가지고 들어왔어요. 유포는 아니고 집에 가지고 있다가 걸려서 경한 거였어요. 집에 성경책을 뒀으면 가족들이 다 봤을 거고 보위부에서 처벌을 결정한 거죠. 성경책은 그때 압수당하고 그에 대한 벌이 따른 거예요."227)

"우리 친구가 있었어요. 꽤 친했는데 중국에서 종교, 이런 중국에서 목사한테서 성경책을 받고 돈을 받아가지고 북한에서 종교를 퍼뜨리다가. 종교를 세게 선전하고 신자를 모으고. 비밀적으로 기도드리고 했는데 걸려서 다 잡혀갔습니다. 그게 2009년 1월 될 거예요. 가는 그렇게 잡혀가고 가의 진술로 나온 사람들 다 잡혀갔어요. 잡아간 사람들 다 못나왔어요. 정치범 들어갔어요. 한 달에 한 번씩 중국에 들어가서 성경을 배우고 나와서 하고 자기가 세게 그랬어요. 가가 모집한 신도들이 다 잡혀 들어갔어요. 신도들이라는 게 가가 북한에 들어와서 그 다음에 신앙을 퍼뜨렸는데 그 사람들이 잡혀갔어요. 내보고도 나오라고 했는데 나는 거기 동기 안했어요. 형제들이 있었는데 형제들은 그냥

---

226) 북한이탈주민 김OO, 2015년 11월 면접
227) 북한이탈주민 손OO, 2016년 10월 면접

있어요. 비밀적으로 신앙 믿던 사람들은 다 잡혀갔어요."[228)]

"OOO는 밀수를 하면서 성경책을 가져왔습니다. 성경책을 밀수한 혐의로 정치범수용소에 들어갔습니다. 부인한테 리혼을 안하면 같이 체포하겠다고 해서 리혼시켜서 아저씨만 데리고 갔습니다. 정치범수용소에선 살아 나오기 힘듭니다. 가기 전에도 허약에 걸렸었는데 아마 거기서 죽었을 겁니다."[229)]

"OOO는 중국에 3개월 동안 비자 내서 있다가 선교 같은 것을 한 거 같아요. 선교사를 만나서, 성경책이 조그만 책이 있더라고요. 그것을 가지고 오자니까 했는데 짐은 검열해서 가슴에 가지고 오다가 신의주 세관에서 잡혔어요. 별의별 고문 다 받고 그러고 있다가 지금은 정치범수용소 갔어요. 이게 작년도에 중국 나가기 전이니까 6월, 7월이에요. 중국에서 들어왔다고 했어요. 어디 갔는지는 모릅니다. 한 달 동안 취급받다가 그리고 정치범 갔어요."[230)]

"OOO는 보위부 구류장에서 제가 본 사람이에요. 2010년도 6월 말 정도인데, 정치범관리소로 가더라고요. 정치범관리소 12호 말하는 거예요. 중국에서 10년 살았대요. 그 사람은 기독교를 믿었다는 거예요. 그 사람이 저한테 전도를 하더라고요. 신기하고 그 속에서 그런 생각하는 것이 너무 놀랐어요. 듣기만 하고 있었는데, 2010년도에 넘어오면서, 기독교를 믿으면서 변한 거예요."[231)]

"중국에서 선교공부를 한 사람들입니다. OOO은 1994년 7월 OO에서 파송되어 중국 와 있을 때 우리 OO목사님을 1995년 말에 만나자고 해서 다른 친구와 같이 떠났는데 두 명이 다 행방불명이 되었습니다. 그랬는데 1996년에 공부하러 갔다가 길에서 잡힌 사람이 있는데

228) 북한이탈주민 최OO, 2014년 11월 면접
229) 북한이탈주민 김OO, 2013년 11월 면접
230) 북한이탈주민 이OO, 2013년 10월 면접
231) 북한이탈주민 현OO, 2013년 10월 면접

그 사람이 도문변방대 구류장에 갔을 때 그 행방불명이 된 두 사람이 써놓은 글을 봤대요. 거기에 싸인이 있었대요. 그래서 그들이 북송된 것을 알았습니다. 그리고 2000년에 그 둘 중 한 사람을 아는 여자가 재판 받고 함경남도 교화소에 갔는데 가던 길에 OO가 회령에서 정치범수용소행 기차를 올라타고 가는 것을 봤다고 했습니다. OO가 재판을 받아 3년형을 받았다고 했습니다. 2003년 OO의 생사를 확인해 보았는데 OO이 엄마가 OO이가 사망했다는 사망 통지서를 받았다고 했습니다."[232]

"OO은 자기 집에서 기도를 했는데 그 색시가 고발한 거예요. 그 남자는 밀수하는 사람이고 중국에서 기독교를 접했대요. 그런데 중국에서 여자를 하나 사귀어서 중국으로 달아났다가 그 여자가 달아나서 다시 집으로 돌아왔는데, 그 동안 기독교 접한 거를 색시가 고발한 거예요. 북한에서는 기독교라면 100프로 안기부라고 생각해요. 도 보위부 지하 감방에 있다고 들었어요. 짐작하기로는 아마 관리소를 갔을 거예요."[233]

"2009년에 우리 마을에 아는 할머니가 중국에서 과일을 담은 박스에 성경책을 받아 집으로 왔는데, 집에 경비대들이 들어와서 과일을 먹으려고 뒤졌다가 성경책이 나오고, 또 할머니도 성경책 한 권을 가지고 있었습니다. 그래서 경비대에 잡혀서 도 보위부에 잡혀서 수용소에 갔다고 들었습니다."[234]

3) 교화소 구금

이처럼 종교 활동 사실이 발각될 경우, 대다수가 정치범수용소에 구금되며, 그곳에서 생사조차 확인하기 어려운 경우가 많았다. 정치범수용소에 구

232) 북한이탈주민 이OO, 2012년 8월 면접
233) 북한이탈주민 최OO, 2025년 4월 면접
234) 북한이탈주민 한OO, 2012년 2월 면접

금되지 않더라도 교화소에 수감되어 중형을 받는 사례도 상당수 보고되었다.

"신의주에서는 알몸은 안 하고요. 가져온 짐을, 옷을 다 벗어라 해서 겉옷만 벗어서 이렇게 했고. 그 거기에서 일이 터졌죠. 같이 온 분이, 심양에서 잡혔다는 분이, 00이. 00이가 그 짐을 (웃음) 잡동사니 이만큼 가지고 왔는데 다 펼친 거예요. 막 고르다가 십자가가 있더라고요. 노란. 저는 그게 십자가인 줄 몰랐는데 동그란, 동그란 황금색으로 되어 있는데 뭐가 있는데 엄청 심각해 하더라고요. 그거 딱 줍는 순간에. '(보위 지도원이) 이거 누가 줬냐?' 물어보니까 아무것도 모르니까 이 언니는. '어 그거 아는 언니한테서 받았다.', '(보위 지도원이) 알았다.' 하면서 들어가라고 그랬거든요? 그런데 그것 때문에, 00이는 5년을 받았죠. 그 십자가 때문에."[235]

"저는 보안 감찰과에서 보름 정도 있었습니다. 저 말고도 꿈을 풀이하는 여자, 그러니까 미신 행위를 했던 여자가 있었는데, 자고 일어나 보니 그 여자가 들어와 있더라고요. 또 다른 한 명은 미신 행위를 했다고 들어왔는데 금방 나갔습니다. 그래서 저 포함 세 명이 있었죠. 꿈풀이를 하던 그 여자는 OOO이었고, 미신 행위 때문에 노동교화소로 보내졌습니다. 1년 동안 정말 죽도록 고생했어요. 노동교화형이 공개재판에서 나왔거든요. 저도 공개재판을 받았습니다."[236]

"2013년 7월에 있었던 일입니다. 연풍동에 살던 OO 엄마라는 사람이 있었는데, 별명이 OO였어요. 그분이 8년 동안 교화소 생활을 했습니다. 그때 처음으로 북한에도 성경책이라는 것이 있다는 말을 들었습니다. 그 사람이 말하길, 북한으로 들어올 때 성경책을 가지고 오면 목사님들이 돈을 준다고 하더라고요. OO 엄마는 밀수를 하면서 중국에 갔다가 목사로부터 성경책을 받아서 집에 숨겨뒀는데, 발각되어 8년 교화형을 받았습니다. 남편의 친구 OOO라는 사람이 있었는데, 가정이

235) 북한이탈주민 안OO, 2024년 5월 면접
236) 북한이탈주민 안OO, 2024년 5월 면접

있었는데 이 여자가 출가하기 전 처녀였을 때 둘이 불륜 관계였습니다. 그런데 OOO가 저희 집에 와서 하는 말이, 그 여자를 통해 성경책을 봤다는 겁니다. 그 여자가 평안남도 개천시 교화소에서 8년을 살다 나왔대요."[237]

"제가 보위부 집결소 있을 때 거기 방장하던 여자 OOO가 그 종교에 걸려가지고 8명이 같이 들어왔다고 그러더라고요. 모여 앉아서 기도 비슷한 거 했나 봐요. 그런데 혼자 말한 거하고, 그게 거짓말해서가 아니고 8명 말이 다 똑같지 않으면 힘든 거잖아요. 그래가지고 그게 맞지 않아가지고 못 나간다면서. 거기 보위부 집결소에 한 아마 두세 달 있었어요. 그러고 제가 보안서 집결소로 옮겨가기 전에 그 분도 어디로 옮겨 가더라고요. 아마 교화 갔거나 심하면 관리소 갔겠죠. 근데 그분이 말하는 거 들을 때는 그냥 교화 갈 거 같다, 그렇게 말하더라고요. 나이는 한 30대후반 정도이었어요. 그 보위부에선 말 마음대로 못하거든요. 원래 얘기를 못하는데 몰래몰래 해가지고 알았어요. 제가 들어가니까 있었죠. 있다가 제가 보안서 집결소로 옮겨 가기 전에 그 분이 먼저 나갔고. 제가 3월에 들어갔으니까 한 20일이나 그쯤에 나갔겠네요. 그다음에 어떻게 된 지는 그건 모르죠."[238]

"안내자가 이렇게 중국에 몇 번씩 도강해 다니다가 성경책을 갖고 나갔대요. 이 여자 안내를 받아 중국에 들어오기 전까지는 그런 거 하는 걸 몰랐거든요. 이 여자는 그러니까 중국에서 기독교를 많이 접했더라고요. 중국에 왔다 갔다 하면서, OO교회도 다녔습니다. 그래서 그 교회 목사하고도 아는 사이였습니다. 그리고 이 여자가 성경책을 감춰가지고 '가서 볼 거다'라고 했습니다. '기독교 하느님 믿으니까 좋더라.'라고 말하기도 하고……성경책을 작은 걸 갖고 나갔는지 큰 걸 갖고 나갔는지 모르겠는데 '우리는 김일성밖에 믿으면 안 된다'라고 알아서 중국에서도 그걸 펼쳐 보기도 무섭고 그랬는데 이 여자는 담이 많

237) 북한이탈주민 우OO, 2023년 11월 면접
238) 북한이탈주민 신OO, 2013년 5월 면접

이 커졌다고 봐야죠. 중국에 하도 오래 다니다 보니까. 국경에서 짐 수색을 당했대요. 그래서 성경책이 나오니까……어쨌든 잡혀서 OO시 도 보위부에 바로 끌려갔거든요. 그래가지고 거기서 예심을 한 1년 끌었거든요. 제가 교화 갔다 와서까지도 보위부에 있다가 재판 받아서 군 보안서에 넘어와서 OO 교화소 간다 하더라고요. 우리 친정아버지가 하는 말씀이 운 좋게 도 보위부에서 살아나왔는데 3년 받았다는데 아닌 거 같다고. 한 5년 받았을 거라고 했습니다."[239]

4) 공개처형 혹은 비밀처형

종교를 접한 사람들에 대한 처벌은 주로 정치범수용소 구금 및 교화소 수감으로 이루어지지만, 때때로 공개처형이나 비밀처형과 같은 극단적인 방법을 통해 일반 주민들에게 본보기로 삼는 경우도 있는 것으로 나타났다.

"군생활을 했을 때 종교 믿어서 총살당하는 사람 많이 봤습니다. 시기가 2016년, 2015년경? 군인은 아니고 민간인 한 6명 정도였는데, 다 씌워놔서 여자인지 남자인지 알 수가 없었습니다. 선천군 역전 앞. 성경을 믿었기 때문에, 성경을 유포시키려고 했기 때문에 총살당했던 거예요. 저는 복무 중이었는데 무조건 가서 봐야됐습니다. 한 20명 정도 나와서 처형을 집행했어요."[240]

"무산에 2018년인 것 같습니다. 불법녹화물 시청죄로 한 명. 그러고 신주로 53살짜리 기독교인 한 명. 그걸 믿어서 처형된 거였죠. 시범겜으로 총살을 당한거죠. 그때 제가 무산에서 넘어오려고 작정했는데, 다리 밑에 가보니 총살하더라고요. 다 모였습니다. 인민반 학생들 다 모았는데, 유치원까지 다 모인 앞에 시범겜 총살했습니다. 보위부, 보안서 다 와서. 하전사. 다섯명이 한 명을 쏘았습니다. 탕탕 총으로 막 사격하는 거예요. 머리에다가."[241]

---

239) 북한이탈주민 양OO, 2012년 7월 면접
240) 북한이탈주민 김OO, 2023년 2월 면접
241) 북한이탈주민 박OO, 2021년 5월 면접

"OOO이가 강제송환을 당해 들어왔어요. OO이는 다른 게 아니고 가가 중국에 있으면서 기독교 신자고 기독교 전파하는 일을 조금 했단 말입니다. 아는 사람 만나면 '하나님이 좋다,' '하나님 믿으라'고 이런 식으로. '한 고향 사람인데 마지막으로 한 번 보겠음 보라'해서 만나게 했습니다. 그러고 나서 딱히 총살은 아닌데 그저 죽이는 거란 말입니다. 거기에 죽이러 데리고 가라고 그러더란 말입니다. 정치범이니까 언제 죽인다고 예정은 하지 않았는데. OO이 형체를 알 수 없었답니다. 사람이 다 쫄고 운신 못하는 걸 질질 끌고. 나중에 OO이가 죽었다고 말했단 말입니다."242)

"OOO는 아버지 때부터 영향이 있었다고 하더라고요. 중국에서 한국목사들을 알아서 소책자를 좀 나른 거 같아요. 중국에서 잡혀 나와서 미행 붙은 걸 모르고 나에게 왔더라고요. 내가 빨리 뜨라고 그랬죠. 꼭 잡힌다고. 며칠 더 있겠다고 하다가 잡혀서. 어머니 위해서 땔감이나 좀 구한다고 하다가 잡혀서 맞아 죽었죠. 그게 98년돈가 97년도. 그렇게 될 겁니다. 아버지가 관리소 가서 죽었다고요. 아버지도 기독교로해서 가서 죽었다고요. OO시 도 보위부에 가서 죽었다고요."243)

"OO는 2007년 마약 밀매로 중국에 가서 기독교에 가담한 사실이 밝혀져 도 보위부에 감금된 후 그 안에서 총살 되었다고 알고 있어요. 이 사람은 내 형님의 오빠예요. 마약 장사를 하는 줄로만 알았는데 잡혀서 군부대 보위부에서 데려갔다고 했어요. 자기가 기독교를 믿었다고 그랬어요. 우린 어쨌든 인식에는 기독교라면 다 간첩이라고 생각한단 말이에요. 우리가 들어보니까 중국에서 이런 일을 하니까 기독교를 다닌 것 같아요. 나쁜 장사를 하니까 하나님을 믿었겠죠. 2007년에 잡혀갔어요. 집에 있었는데 사람들이 와당탕 달려와서, 군부대 사람들이 총을 메고 와서 잡아갔어요."244)

---

242) 북한이탈주민 주OO, 2016년 8월 면접
243) 북한이탈주민 이OO, 2013년 4월 면접
244) 북한이탈주민 임OO, 2012년 9월 면접

5) 체포 후 실종

이처럼 종교 활동을 이유로 중형을 선고받고 처벌받는 이들의 인권 피해는 심각하지만, 적절한 사법절차 없이 체포된 후 실종되어 소식조차 알 수 없는 경우도 있어 이들의 인권침해 상황은 사실상 파악조차 어려운 상황이다.

> "제가 딱 아는 가까운 사람이 중국하고 기독교 선을 타고 있어서 정치범으로 잡혀갔어요. 기독교 선이라고 해서, 짐 속에서 성경도 나와서 정치범에 들어갔어요. 북한은 정치범 가는 사람들은 아까 말한 것처럼 재판이라는 게 없죠. 그저 어느 밤에 와서 차에 실어 가는데, 밤에 노상에서 체포하는 건 아니고 집에 와서 체포해가니까 가족들은 알거든요. 이거 보위부에서 데려갔나 보안서에서 데려갔나. 그니까 가족들이 보위부에 가서 다 알아보고, 무슨 일인지, 살릴 수 있는가 알아봐요. 그러면 보위부도 그래요. '다시 여기 오지 말라. 더 기대도 가지지 말라.' 2015년 그때였어요."[245)]

> "2015년에 이 사람이 잡혔다라는 말이 나오더란 말입니다. 도 보위부로 호송됐단 말입니다. 정치범으로 분류가 돼가지고 도 보위부에 갔는데 나오지 못한다고. 아예 나올 수 없는 곳으로 갔어요. 다른 게 아니고 기독교를 믿었단 말입니다. 그 사람 아내가 자식 가지고 혼자 있기도 힘들고 그래서 어떻게 되겠는지 방법이 없겠는지 도 보위부에 몇 번이나 다녔는데 오지 말라고. '오지 말고 이 사람 더 바라보지 말고 다른 데로 출가하라'고 그렇게까지 말하더란 말입니다. 그다음에는 모릅니다. 북한에서 그 정도면 나오지 못합니다. 보위부에서 그렇게 통보하는 정도면 나오지 못합니다."[246)]

> "OOO라고 있어요. 성경책을 들여왔다는 소리를 했어요. 중국에서. 그 여자를 OO시 도 보위부에서 잡아갔어요. 잡아간 지 올해 잡혀간

---

245) 북한이탈주민 김OO, 2015년 11월 면접
246) 북한이탈주민 주OO, 2016년 8월 면접

지 3년이 됩니다. 그런데도 소식이 없어요. 2015년 초에 잡혀갔어요. 성경책을 들여왔다고 소문을 들었어요."[247)]

"그분은 조금 중국에 와 있다가 조선에 나간 다음부터 종교를 믿기 시작했어요. 집에서 기도하고 그랬어요. 집에서 기도를 하고 일을 별로 안하고 하니까 가시 엄마가 너무 화가 나서 말을 해서 그 사람이 잡혀갔는데 어떻게 되었다는 소식도 없이 없어졌어요. 말로는 정치범수용소로 보냈다는 소리도 있고, 없애 버렸다는 소리도 있었어요. 무슨 종교인지 모르고 그때는 천주교, 기독교 들어본 소리도 없는데 그 사람이 십자가를 나무로 만들어서 벽에 하고 그 앞에 무릎 꿇고 앉아서 기도하고. 사람들이 오면 그거를 치우고. 그거 했던 자리는 보를 쳐서 기도할 때 안 보이게 했다고 했어요. 보위부에서 데리고 갔는데 어디 보위부인지는 모르겠어요. 그냥 없어졌어요."[248)]

"2000년에 소문이 돌아가기로는 OO에서 들어온 종교단체다 했는데, 그게 종교 믿는다 해서, 시 안전부, 보위부에서 제기되고 시당에서 나와서 그 인민반에다가 전기불을 다 연결해주고, 그 집만 전기불을 잘랐다 말이야. 가족이 다 없어졌어요. OO시에 소문났던 일이니까. 소문이 굉장히 휩쓸었다 말이에요. 아들이 입당까지 했었는데, 다 없어졌다 말이에요. 그 이후로는 완전히 없어지고, 인민반에서 신앙을 믿던 반정부 세력을 철저하게 소탕했다고. 각성된 눈으로 신고하라고. 시당에서 나와서 조직부 지도원에서 나와서 그랬다 말입니다."[249)]

"OOO 옆집에 살던 사람이에요. 2007년 7월 곤란해서 중국에 있다가 2달 있다가 왔는데 돈 벌어서 왔어요. 그래서 그 돈이랑 다 뺏기고 단련대 6개월 하고 갔다 왔는데 그 후에 아내하고 둘이 다투다가 안 살겠다. 그랬는데 장모가 보위부에 신고를 했어요. 중국에 가서 불교를 믿었다고…. 그래서 조용히 없어졌어요. 당시 30대였습니다."[250)]

---

247) 북한이탈주민 최OO, 2017년 4월 면접
248) 북한이탈주민 전OO, 2016년 1월 면접
249) 북한이탈주민 김OO, 2014년 9월 면접

"OO, 우리 학급 아였습니다. OO년생입니다. 아버지가 종교 믿었다고 했습니다. 중국에 도강으로 왔다 갔다 하면서 믿었어요. 밥상에 앉아서 기도하는 거 아들이 신기하니까 동네 나가서 말했단 말입니다. 그런데 그거를 인민반장이 신고해서 안전부에서 데리고 갔습니다. 2004년도입니다. 가족 다 잡혀갔습니다. 제일 처음에 아버지만 데리고 가서……. 한 달 후에 공부하는데 와서 데리고 갔습니다. 처음에 보위부에서 데리고 갔을 겁니다. 1학년생이었습니다. 엄마는 아버지하고 같이 데리고 갔습니다. 어디로 갔는지는 모르겠습니다. 22호 갔는지 모르겠습니다."[251]

"A는 중국에 친척방문 갔다가 성경책을 몰래 가져온 거 같습니다. 사건 터진 뒤에 알았지요. 저희 농장에서 일하던 사람이 있었는데 그 사람 차로 연행하고 보위부차가 다시 데리고 갔답니다. A, B, C, 이 셋이 같이 잡혀갔는데 왜 잡아갔는가 물어보니 A가 중국에서 성경책 가지고 오고 일요일에는 회의 간다고 해서 B네 집에 가서 기도를 드렸다고 했습니다. C는 찬송가랑 부르고 해서 잡혀갔다고 했습니다. B랑 그 집안 식구들 다 피해 많이 본 거 같습니다. A의 딸인지 아들인지 같이 잡혔다는 거 같기도 하고 B는 잡혀가고 걔네 언니인지 아저씨인지 같이 끌려갔다고 들었습니다. C는 보위부에 끌려갔다는 것만 알고 어디 갔는지는 모릅니다. 정치범수용소 갔겠지요."[252]

6) 스파이를 통한 종교 활동 색출

북한당국은 주민의 신고와 검열을 통해 종교 활동을 하는 사람들을 찾아내어 엄중히 처벌하는 것에 그치지 않고, 일종의 스파이를 파견하여 종교를 믿는 사람을 적극적으로 색출하려는 노력을 기울이고 있다는 증언도 있다.

한편, 스파이를 통한 종교 활동 색출작전은 북한 내에만 국한되지 않고,

250) 북한이탈주민 장OO, 2014년 1월 면접
251) 북한이탈주민 김OO, 2013년 5월 면접
252) 북한이탈주민 강OO, 2012년 7월 면접

국경을 넘어 중국 지역에서도 진행되고 있다. 이러한 작전은 보위부 반탐과에서 주관하는 것으로 알려져 있다. 보위부 반탐과는 조사과정에서 종교 활동과 연관된 사람들을 식별하고, 그 사람과 연계된 세력을 제거하기 위해 해당 인물의 가족 등을 볼모로 잡고 식별된 사람을 다시 중국으로 보내어 역으로 이용하는 전략을 사용하고 있다. 임무를 받고 중국에 입국한 사람은 성경 공부를 하겠다는 의지를 표명하며 신뢰를 얻은 뒤, 선교사나 선교사를 돕거나 지원한 사역자들에 대한 정보를 확보하게 된다. 이렇게 확보된 정보를 바탕으로 중국에서 종교 활동을 하던 북한이탈주민들이 북한 보위부에 의해 체포되거나, 선교사들과 사역자들이 중국 당국에 의해 추방되는 경우가 발생한다.[253]

> "OOO는 우리 시누이 남편입니다. 기독교 신자니까 임무를 받았겠지요. 북한 사람 한 명이라도 기독교 신자로 만들자고 했습니다. 중국에 가서 옷하고 쌀을 가져와서 북한 사람들에게 주면서 전도하려고 했습니다. OOO이가 술자리에서 OO리를 기독교 촌으로 만든다고 말했습니다. 평소 한00에게 미행을 한 명 붙였는데 그 날 술자리에 있었습니다. 조선에서 기독교라면 가차 없죠. 수성 25호 갔습니다. 가는 날에 내가 보위부에 있었습니다. OOO이는 보위부에 너무 오래있었으니까 항문이 다 풀렸습니다."[254]

7) 기타

북한에서 이루어지는 종교박해와 관련된 증언은 대부분 기독교와 연관된 것이지만, 불교나 다른 종교, 미신과 관련된 증언도 존재한다. 특히 최근에는 새로운 기독교인이 감소한 반면, 미신을 믿는 사람들의 비율이 더 증가한 것으로 나타났다.

---

253) "특무와 공작원을 침투시켜 선교사들을 위협하는 북한," 카타콤소식(2015년 10월 6일 검색, http://www.cornerstone.or.kr/public/readArticle.asp?ArticleID=A6672028886311261&CurrentCatID=C4107488655629431)

254) 북한이탈주민 송OO, 2013년 8월 면접

“어머니가 미신행위를 하다가 걸렸습니다. 그때 제가 13살이었고, 날짜도 정확히 기억합니다. 7월 8일이었어요. 그 일로 온 가족이 평양에서 홍원군으로 추방당했습니다. 보위부가 단속해서 우리를 끌고 갔는데, 대동강구역 보위부에서 나온 사람들이었습니다. 그날 갑작스럽게 일이 벌어져서 미리 통보 같은 건 없었어요. 어머니는 단속했던 사람을 알고 계셨던 것 같은데, 저는 잘 모르겠습니다. 어머니는 우리 가족에게 사람을 감시하라는 과업을 줬었습니다. 근데 어머니는 그런 일을 하지 않았습니다. 사람을 잡는 건 하지 않았습니다. 그런데 어머니의 미신행위가 목격됐어요. 그날 안전부장이 우리 집에 조용히 와서 확인했고, 중앙당 간부도 왔다고 들었습니다. 결국 누군가가 어머니를 밀고 하면서 일이 이렇게 된 거죠.”[255]

“내 있을 때 2002년도쯤 정치범 수용소 갔어요. 4월 달에 당일 새벽에 와서 OOO만 데리고 갔어요. OO군 보위부에서 왔다고 했어요. 어느 정치범으로 갔는지 몰라요. 그 사람이 3년 넘게 종교생활을 했어요. 그 사람이 동의의학을 하면서리 미신생활을 했어요. 제 집에 와서도 음식 차려놓고 제사 지내는 것 알려줬어요.”[256]

“90년도에 있었습니다. 우리 동네 사는 사람이었습니다. 그때 23살 정도 됐었는데 꿈에서 뭘 보고, 보기 시작하면서 미신 활동했습니다. 사람들이 음식을 많이 가지고 와서 봐달라고 하기도 했어요. 그 후 잘 모르겠는데 온 가족이 추방된 거 같습니다. 그 사람 오빠하고 아들하고 딸이 있었는데 다 추방당했습니다. 어디로 간지는 모르겠습니다. 미신 활동해서 잡혔는데 지금은 그렇지 않아도 그 당시에는 이것을 심각하게 봤습니다.”[257]

255) 북한이탈주민 안OO, 2024년 4월 면접
256) 북한이탈주민 김OO, 2013년 10월 면접
257) 북한이탈주민 장OO, 2012년 10월 면접

V. 결론

북한에서 주체사상은 국가가 강요하는 준종교(quasi-religion)로 작용하며, 진정한 종교의 자유가 존재하지 않는 근본적인 이유이다. 김일성은 1955년 12월 28일 조선노동당 선전선동부 대회에서 '사상사업에서 교조주의와 형식주의를 타파하고 주체를 확립할 데 대하여'라는 제목으로 처음 주체사상을 언급했다. 이후 1970년 제5차 노동당 대회에서 주체사상을 노동당의 공식 이념으로 당 규약에 명문화했고, 1982년 개정된 헌법에서는 이를 북한의 공식 통치 이념으로 채택했다.

주체사상은 정치적 인물이 정립했음에도 불구하고 종교적 색채를 띠며, 김일성과 그의 후계자들에게 초인적 능력을 부여하고, 그들을 인간을 초월한 존재로 신격화한다. 기독교인들이 십계명을 따르듯이, 북한 주민들은 '10대 원칙'을 절대적으로 따라야 한다. 이러한 이념적 틀은 종교를 정권의 안정성과 전체주의적 통제에 위협이 되는 존재로 간주하게 만든다.

그럼에도 불구하고 북한은 신앙과 종교의 자유를 보장한다고 주장하며, 1981년에는 종교를 이유로 한 차별을 금지하는 시민적 및 정치적 권리에 관한 국제규약(ICCPR)과 경제적, 사회적 및 문화적 권리에 관한 국제규약(ICESCR)을 비준했다. 이러한 외견상의 종교자유 보장을 위해 북한은 평양의 교회들과 특정 종교단체들을 언급하지만, 실제로는 이들 시설이 모두 국가에 의해 운영되고 있으며, 이는 국제사회와의 소통을 위한 수단으로 설립된 것이다.

북한은 정부수립 초기와 한국전쟁 전후에 종교를 철저히 억압하려 했으나, 이후 이를 남한 및 서방 세계와의 교류를 위한 도구로 활용하기 시작했다. 1972년 남북회담, 1989년 세계청년학생축전, 그리고 1990년대 식량난 시기에 국제 종교단체들로부터의 원조를 계기로 북한은 종교를 활용하는 정책을 도입했다.

한편, 북한 주민들은 북한당국의 역사 전체에 걸쳐 종교의 자유를 철저히 박탈당해왔다. 북한이탈주민들의 증언에 따르면 종교 활동에 참여하거나 관여한 사람들은 심각한 처벌을 받는다. 종교 활동이 정치적 안정성을 위협하는 행위로 간주되기 때문에, 종교 활동에 연루된 사람들은 정치범수용소나 교화소에 수감된다. 북한인권정보센터의 조사에 따르면 북한이탈주민 중 5% 이하만 북한에서 종교 활동을 경험하거나 목격했다고 답했으며, 이는 1945년 독립 당시 북한 인구의 약 4분의 1이 종교를 믿었던 것과 비교하면 매우 낮은 수치이다.[258)]

김정은 정권하에서 종교에 대한 통제는 더욱 강화되었다. 2014년에는 기독교와 접촉한 모든 사람을 체포하라는 지시가 내려졌고, 더 광범위하게는 승인되지 않은 모든 정보, 표현, 행동에 대해 극단적인 처벌이 이루어지고 있다. 특히 COVID-19 팬데믹 기간 동안 제정된 이른바 '3대 악법'은 이러한 탄압을 법적으로 뒷받침하고 있다. 2020년에 제정된 반동사상문화배격법은 적대국의 미디어를 소비하거나 유통하는 행위를 사형에 처하도록 규정하고 있으며, 2023년에 제정된 청년교양보장법은 종교를 청소년이 피해야 할 16가지 활동 중 하나로 명시했다. 또한, 팬데믹 이후 강화된 북·중 국경 통제로 인해 탈북이 거의 불가능해졌을 뿐만 아니라, 성경과 같은 종교적 자료를 포함한 외국 물품의 밀수 경로도 차단되었다. 이러한 종교 탄압과 종교 확산의 어려움으로 인해, 북한에서 종교는 거의 소멸에 이를 가능성이 높다.

이러한 연구 결과를 바탕으로, 북한인권정보센터는 국제사회에 다음과 같은 제언을 하고자 한다.

① 북한 내 종교자유에 관한 모니터링

NGO, 학자, 그리고 기타 이해 관계자들이 북한 인권 상황을 파악하기 위해서는 연구에 북한 내 종교자유 수준을 반드시 포함해야 한다. 종교자유는 개인의 신앙에 대한 존중이 기반인 민주주의 발전에 중요한 역할을 하기 때문에 이에 대한 심층적인 연구가 필요하다. 북한이탈주민이 보고하는

258) Won, Jae-Chun. "Religious persecution in North Korea: Process and phases of oppression in 1945-2011." International Journal of Religious Freedom Vol. 4:1 2011 (87-100).

종교시설의 존재가 사실보다 북한 정부의 선전일 수 있음을 염두에 두고, 연구를 신중하고 정확하게 진행해야 한다. 북한이탈주민의 방문 등 실제 경험을 바탕으로 이러한 시설들이 존재하는지, 그리고 정부의 통제에서 벗어나 운영되고 있는지 확인해야 된다.

최근 종교박해 사례의 수가 줄어들었다고 해서 종교자유 보호가 이루어졌다고 단정해서는 안 된다. 오히려, 수십 년간의 종교박해로 인해 종교 활동 자체가 거의 소멸되었기 때문에 종교박해 사례가 줄어든 것이 더 타당하다. 또한, 새롭게 기록된 종교박해 사례가 줄어들었더라도, 이 사례들을 통해 정치범수용소 수감이나 처형 등의 극단적인 처벌이 여전히 이어지고 있다는 점을 확인할 수 있다.

② 북한에 종교 유포 시 주의 사항

북한에 종교 정보를 유포하는 NGO, 교회 및 기타 단체들은 북한 정부의 강화된 단속 조치를 고려하여 매우 신중하게 활동해야 된다. 종교 자료를 소지하거나 접촉하는 것만으로도 북한 주민들의 안전이 위협받을 수 있다는 점을 주의해야 한다. 북한 주민이 종교적 정보를 비롯한 다양한 정보에 접근할 기회를 얻는 것은 중요하지만, 종교박해가 심각한 상황에서는 그들의 안전을 최우선으로 다뤄야 한다.

③ 제3국 내의 북한이탈주민의 종교자유 보호

아직 북한에 남아 있는 주민들의 종교자유를 보장하는 것은 매우 어려운 상황에서, 제3국으로 탈북한 북한이탈주민들의 종교자유를 돕기 위한 노력이 이루어져야 된다. 특히, 탈북 과정에서 거치게 되는 중국은 여전히 북한이탈주민들의 종교자유를 보장하지 않고 있다. 북한인권정보센터가 조사한 강제송환 사건들에 따르면, 중국에서 종교와 접촉한 북한이탈주민들은 중국 정부로부터 강제송환에 대한 협박을 받을 가능성이 더 높다. 이에 따라 북한인권정보센터는 중국이 북한의 종교박해에도 불구하고 북한이탈주민을 강제로 송환하거나 송환을 협박하는 것은 국제법에 명시된 강제송환금지원칙(principle of non-refoulement)을 위반하는 행위임을 강조한다.

④ 북한의 종교박해에 대한 국제사회의 지속적인 압박

마지막으로, 국제사회는 종교자유 보장에 대한 북한의 주장을 비판적인 시각에서 대응하며, 북한 내 종교박해에 대한 북한이탈주민의 증언에 더 귀를 기울여야 한다. 북한은 시민적 및 정치적 권리에 관한 국제규약(ICCPR)과 경제적, 사회적 및 문화적 권리에 관한 국제규약(ICESCR)의 서명국으로, 이 두 국제 인권 조약은 북한과 관련하여 종교자유 문제를 제기하는 중요한 메커니즘이 될 수 있다. 국제사회는 이러한 기회를 통해 북한의 종교자유 실태를 개선하도록 지속적으로 압박해야 한다.

2023년 김정은의 2개 국가론 이후로 남북관계의 경색이 지속될 가능성이 더욱 커진 상황에서 국내적으로 북한 종교자유를 위한 방안은 매우 제한적이라 할 수 있다. 그럼에도 많은 국내 종교단체들은 북한선교와 복음을 위한 노력을 지속하고 있다. 북한은 조금씩 변화해오고 있다. 이렇게 변화하는 북한을 인식하지 못한 채 과거에 해오던 대로 동일한 방식은 지양할 필요가 있다. 북한의 변화를 지속적으로 모니터링하고, 변화하는 북한의 모습에 적합한 방식으로 북한 주민들의 인권개선을 위한 노력과 함께 북한 종교자유를 추구하는 방향으로 새롭고 창의적인 발상이 필요한 때라 하겠다.

참 고 문 헌

1. 단행본

강동완·박정란, 『한류 통일의 바람』 (서울: 명인문화사, 2012),
고태우, 『북한의 종교정책』 (서울: 민족문화사, 1989).
권영성, 『헌법학 원론』 (서울: 법문사, 2010).
김백유, 『헌법학(II): 기본권론』 (서울: 도서출판 조은, 2010).
김병로, 『북한종교정책의 변화와 종교실태』 (서울: 통일연구원, 2002).
김수진, 『아름다운 빈손 한경직』 (서울: 홍성사, 2000).
김인수, 『한국 기독교회의 역사』 (서울: 장로회 신학대학교 출판부, 1997).
김흥수·류대영, 『북한종교의 새로운 이해』 (서울: 다산글방, 2002).
김희태 · 정베드로, 『박해: 북한 지하교회의 실상』 (서울: 북한정의연대, 2013).
모퉁이돌 선교회 편, 『김정일 이후의 북한 선교』 (서울: 예영 커뮤니케이션, 2008), pp. 91-92.
문장순, 『북한종교의 이해』 (서울: 도서출판 대명, 2007).
박승덕, 『기독교와 주체사상』 (서울: 신앙과 지성사, 1993).
박 완, 『실록 한국 기독교 100년』 (서울: 선문출판사, 1971).
박완신, 『북한종교와 선교통일론』 (서울: 지구문화사, 1996).
———, 『평양에서 본 북한사회』 (서울: 도서출판답게, 2001).
박영구, 『북한에서의 시련』 (서울: 분도출판사, 1997).
박용규, 『평양노회사』 (서울: 푸른초장, 1990).
백중현, 『북한에도 교회가 있나요?』 (서울: 국민일보, 1998).
북미주 기독학자회, 『기독교와 주체사상』 (서울: 신앙과 지성사, 1993).
북한교회사 집필위원회, 『북한교회사』 (서울: 한국기독교역사연구소, 1999).
북한연구소, 『북한총람(1945-1982)』 (서울: 북한연구소, 1983).
북한연구소, 『북한총람(1983-2002)』 (서울: 북한연구소, 2003).
북한연구소, 『북한총람 2003-2010』 (서울: 북한연구소, 2011).
송봉선, 『북한은 왜 멸망하지 않는가』 (서울: 학문사, 2007).
양병희, 『북한교회: 어제와 오늘』 (서울: 제너시스21, 2006).
유석렬, 『북한에도 새생명의 빛을』 (서울: 예영커뮤니케이션, 2008).
윤명선, 『헌법체계론II』 (서울: 법률계, 1996).
윤여상·한선영·윤중근, 『2011 북한종교자유 백서』 (서울: 북한인권정보센터, 2011).

윤여상 외, 『북한 구금시설 운영체계와 인권실태』 (서울: 북한인권정보센터, 2011).
임순희 외, 『2024 북한인권백서』 (서울: 북한인권정보센터, 2024).
안현민 외, 『2020 북한종교자유 백서』 (서울: 북한인권정보센터, 2020).
이원규, 『인간과 종교』 (서울: 나남출판, 2006).
이찬영 편저, 『북한교회 사진명감』 (서울: 총회북한교회재건위원회, 2000).
정승태, 『종교철학담론』 (대전: 침례신학대학교 출판부, 2009).
정태혁, 『북한의 종교』 (서울: 국토통일원, 1979).
최명 외, 『북한개론』 (서울: 을유문화사, 1990).
통일연구원, 『2021 북한인권백서』 (서울: 통일연구원, 2021).
통일연구원, 『2022 북한인권백서』 (서울: 통일연구원, 2022).
통일연구원, 『2023 북한인권백서』 (서울: 통일연구원, 2023).
하종필, 『북한의 종교문화』 (서울: 선인, 2003).
———, 『남북한종교통합 방안』 (서울: 선인, 2005).
한국민족문화연구소 편집, 『북한사회의 이해』 (부산: 부산대학교출판부, 1995).

2. 논문

김규일, “북한의 종교정책 변화를 통해본 북한선교의 전략에 대한 연구,” 아세아 신학대학 대학원 석사논문(2006).
김병로, “북한종교인 가족의 존재양식에 관한 고찰,” 『통일정책연구』, 제 20권, 제 1호 (2011).
김백유, “종교의 자유,” 『성균관법학』, 제23권, 제2호(2011. 08).
김원곤, “세계화시대 북한의 종교정책과 종교자유에 관한 연구,” 『선교신학』, 제 26집(2011).
김흥수, “북한종교의 변화와 사회적 환경,” 『종교연구』, 제32집 (2003년 가을).
기길선, “북한 사회의 종교와 기독교 교육,” 숭실대학교 통일정책대학원 석사논문(1997).
남궁경, “북한의 종교정책과 장충성당의 건립,” 가톨릭대학교대학원 석사논문 (2001).
류성민, “북한종교정책 변화 전망과 김정일 이후의 선교,” 모퉁이돌선교회 편, 『김정일 이후의 북한선교』 (서울: 모퉁이돌선교회, 2008).
박성범, “북한의 기독교 복음화 선교를 위한 한국교회의 역할과 방안 고찰,” 『개혁논총』, 제19집(2011).
박성일, “해방 후 북한교회의 성격 변용에 관한 연구,” 장로회 신학대학교 대학원 석사학위 논문(2002.8).

박승덕, “기독교에 대하는 주체사상의 새로운 관점,” 박승덕, 『기독교와 주체사상』 (서울: 신앙과 지성사, 1993).
박완신, 『북한종교와 선교통일론』 (서울: 지구문화사, 1996).
북한교회사 집필위원회, 『북한교회사』 (서울: 한국기독교역사연구소, 1999).
여대길, 김경진, “종교의 본질과 요소 및 구조에 대하여,” 『종교학 연구』 (서울: 서울대학교종교학연구회, 1994).
유석렬, 『북한에도 생명의 빛을』 (서울: 예영커뮤니케이션, 2008).
윤진숙, “종교의 자유의 의미와 한계에 대한 고찰,” 『법학연구』, 제20권, 제2호 (2010).
이필영, “조선 후기의 무당과 굿,” 『정신문화연구』, 16권, 4호(서울: 한국정신문화연구원, 1993).
전우택 · 유시은 · 엄진섭, “북한이주민의 종교생활에 대한 7년 종단연구,” 『북한연구학회보』, 제13권, 제1호(2007).
최희숙, “북한종교정책의 변화 전망,” 이화여대 대학원 북한학협동과정 석사논문 (2003).

3. 통일부 자료

통일부, 『2000 북한이해』 (서울: 통일부, 2000).
통일부, 『2008 북한이해』 (서울: 통일부, 2008).
통일부, 『2009 북한이해』 (서울: 통일부, 2009).
통일부, 『2013 북한이해』 (서울: 통일부, 2013).
통일부, 『2016 북한이해』 (서울: 통일부, 2015).
통일부, 『2021 북한이해』 (서울: 통일부, 2021).
통일부, 『2022 북한이해』 (서울: 통일부, 2022).
통일부, 『2023 북한이해』 (서울: 통일부, 2023).
통일부, 『2024 북한이해』 (서울: 통일부, 2024).
통일부, 『2010 통일백서』 (서울: 통일부, 2010).
통일부, 『2012 통일백서』 (서울: 통일부, 2012).
통일부, 『2013 통일백서』 (서울: 통일부, 2013).
통일부, 『2014 통일백서』 (서울: 통일부, 2014).
통일부, 『2015 통일백서』 (서울: 통일부, 2015).
통일부, 『2016 통일백서』 (서울: 통일부, 2016).
통일부, 『2017 통일백서』 (서울: 통일부, 2017).

통일부, 『2018 통일백서』 (서울: 통일부, 2018).
통일부, 『2019 통일백서』 (서울: 통일부, 2019).
통일부, 『2020 통일백서』 (서울: 통일부, 2020).
통일부, 『2021 통일백서』 (서울: 통일부, 2021).
통일부, 『2022 통일백서』 (서울: 통일부, 2022).
통일부, 『2023 통일백서』 (서울: 통일부, 2023).
통일부, 『2024 통일백서』 (서울: 통일부, 2024).
통일부 통일교육원, 『자주 묻는 통일이야기 50』 (서울: 통일부 통일교육원, 2009).
통일부, 『남북교류협력동향 2008년 12월호』 (서울: 통일부, 2008).
통일부, 『남북교류협력동향 2009년 12월호』 (서울: 통일부, 2009).
통일부, 『남북교류협력동향 2010년 10월호』 (서울: 통일부, 2010).
통일부, 『남북교류협력동향 2011년 12월호』 (서울: 통일부, 2011).
통일부, 『남북교류협력동향 2012년 12월호』 (서울: 통일부, 2012).
통일부, 『남북교류협력동향 2013년 8월호』 (서울: 통일부, 2013).
통일부, 『남북교류협력동향 2013년 11월호』 (서울: 통일부, 2013).
통일부, 『남북교류협력동향 2014년 6월호』 (서울: 통일부, 2014).
통일부, 『남북교류협력동향 2014년 7월호』 (서울: 통일부, 2014).
통일부, 『남북교류협력동향 2015년 8월호』 (서울: 통일부, 2015).
통일부, 『남북교류협력동향 2015년 9월호』 (서울: 통일부, 2015).
통일부, 『남북교류협력동향 2015년 10월호』 (서울: 통일부, 2015).
통일부, 『남북교류협력동향 2015년 11월호』 (서울: 통일부, 2015).
통일부, 『남북교류협력동향 2015년 12월호』 (서울: 통일부, 2015).
통일부, 『남북관계 현황 참고자료』 (서울: 통일부, 2009).
통일부, 『북한언론 주요논조 4월 6일 북한 방송 주요내용』 (서울: 통일부, 2014).
통일부, 『2023 북한인권보고서』 (서울: 통일부, 2023).
통일부, 『2024 북한인권보고서』 (서울: 통일부, 2024).

4. 북한자료

김일성, 『김일성 저작집 5』 (평양: 조선로동당 출판사, 1980).
김일성, 『세기와 더불어』, 제5권 (평양: 조선로동당 출판사, 1994).
사회과학원, 『력사사전』 (평양: 사회과학원출판부, 1973).
심상진, 『불교도들의 참다운 삶』 (평양: 조선불교도연맹중앙위원회, 2001).
조선민주주의인민공화국 형법. [2024년 08월 수정보충판]

조선중앙통신사, 『조선중앙년감 1950』 (평양: 조선중앙통신사, 1950).
조선중앙통신사, 『조선중앙년감』 (1992).
조선로동당 중앙위원회직속 당력사연구소, 『김일성저작선집』 제1권 (동경: 학우서방 출판사, 1967).
허종호, 『주체사상에 기초한 남조선혁명과 조국통일 리론』 (평양: 사회과학출판사, 1975).
김일성, "우리 민족의 대단결을 이룩하자," 조선중앙통신사, 『조선중앙년감』 (1992).

5. 기타

가톨릭평화방송, "7대 종단 지도자 평양 방문 무기 연기," (2018.08.02.).
경향신문, ""북측 지도자들, 판문점 선언 적극 지지", 세계교회 방북 대표단 설명회," (2018.05.08.).
국민일보, "지난 7월 평양 봉수교회서 설교 최재영 복사가 전하는 北 종교실상," (2013.10.24.)
국민일보, "북한교회, 세계교회와 교류 증진 의지 확고했다," (2015.11.02.).
국민일보, "남북한 교회 곧 '한반도 평화대회' 연다," (2018.06.26.).
국민일보, "북한, 19년 연속 기독교 박해 순위 1위," (2020.01.26.).
국민일보, "남북공동기도문 5년 째 무산...NCCK 회원교단 한반도 평화 선택해야," (2024.08.11).
금강신문, "남북불교도, 신계사 낙성 8주년 합동법회," (2015.10.16.).
노컷뉴스, "北, 칠골교회 리모델링…"새 모습 드러내,"" (2014.07.25)
노컷뉴스, "통일부 조계종 금강산 신계사 방문 허용," (2013/10/11).
노컷뉴스, "北, 서방세계 기독교 교회와 교류 희망," (2010.11.10.).
노컷뉴스, "한반도 에큐메니칼포럼 "남북의 평화 노력지지,"'" (2019.07.15.).
뉴스1, "8월 교황 방문 맞춰 北 천주교 인사 방한 추진," (2014.05.25)
뉴시스, "천태종, 北 조불련에 영통사서 봉축법요식 봉행 제안," (2014.03.15).
뉴시스, "한국기독교교회협의회, 광복절 평양서 남북공동기도회," (2014.08.12).
뉴시스, "정부, 기독교단체 방북 허가...남북공동기도회 참가," (2014.10.14).
뉴시스, "영통사 낙성 9주년 기념 통일기원," (2014.11.05.).
뉴시스, "천주교주교회의, "나흘간 방북 통해 민족 화해와 교류 협력 증진"," (2015.12.08.).
로동신문, "조선기독교도련맹 중앙위원회 성명," (1977.02.07.).
데일리NK, "통일부, 북 종교단체 외화벌이 수단 불과," (2011.09.20).
데일리NK, "김정은 시대, 종교자유 더 악화...지하교회 타격," (2012.01.04).

데일리NK, “북 가혹한 탄압 속에서도 종교인 꾸준히 늘어,” (2012.06.28).
데일리NK, “남북 불교계 잇달아 접촉,” (2012.10.23).
데일리NK, “북한 "억류 미국인 2명 北적대혐의 확정…기소준비,""(2013.06.30.).
동아일보, “北, 인도지원엔 침묵… 종교단체 방북은 거부,” (2017.06.03.).
리버티코리아포스트, “종교의 탈을 쓴 북한 대남선동 전사들, 황천의 지름길을 택하나 북, 종교단체 동원 자유한국당, 전광훈 목사 때리기 집착 천도교, 천주교, 기독교 단체들 동원해 연일 격문 “촛불민심” 거론하며 진보단체들 결속 간절히 구걸,” (2019.11.25.).
리버티코리아포스트, “北 평양신학대학원은 대남공작원 양성소,” (2019.11.30.).
미국의 소리, “오픈도어즈, 북한, 세계 최악 기독교 박해국...기독교인 7만 명 수감,” (2024.01.18).

미국 국제종교자유위원회, “어버이 김일성 수령님 감사합니다(Thank You Father Kim Il Sung),” (2005.11.15).
미래한국 Daily, “북한지하교회 120개, 교인 30만 명,” (2012.11.09).
불교닷컴, “북한불교는 살아있다,” (2012.02.20).
불교닷컴, “강수린 조불련 위원장, 남측 종단대표와 잇단 회담,” (2015.03.30.).
불교신문, “금강산 찾은 원행스님, 北 조불련과 협력사업 논의 ‘시작,’” (2019.02.14.).
불교평론, “북한불교의 역사와 현황,” (2014.11.27).
서울경제, “조계종, 北에 석탄일 합동법회 공식제의,” (2015.03.26.).
서울경제, “올 가을 추진되던 남북 불교 기독교 공동행사 무산될 듯,” (2017.10.02.).
서울신문, “남북 천주교 만남 성사되나,” (2014.12.05.).
서울신문, “‘30년 전통’ 공동기도문 결국…남북 관계 불만 그대로 반영됐나,” (2020.08.17.).
세계일보, “천태종, 11월 3일 개성 영통사서 10주년 기념법회,” (2015.10.05.).
아이굿뉴스, “남북 교회 대표단, 中 심양에서 접촉,” (2015.05.15).
이데일리, “통일부, 천태종 남북합동법회 참석차 방북 승인,” (2014.11.25).
이지범, “북한불교의 역사,” 불교닷컴 칼럼(2012.05.01).
이지범, “북한의 불교교육기관,” 불교닷컴 칼럼(2012.07.03).
월간『북한』, 2001년 12월호
연합뉴스, “北 첫 러시아정교회 교회당 완공,” (2006.08.13).
연합뉴스, “김정일 사후 평양 러' 정교회 성당서도 추도식,” (2011,12,26),
연합뉴스, “南北종교인 베이징 회동…北측 "대화 재개 희망," (2013.06.18).

연합뉴스, “북한 억류 호주 선교사 보름만에 석방,”(2014.03.03).
연합뉴스, “‘북한 억류’ 임현수 목사 평양서 예배...반북행위 속죄(종합),” (2014.03.03).
연합뉴스, “남북 천도교, 개성서 공동행사 협의,” (2014.07.30).
연합뉴스, “통일부, 금강산 신계사 13일 남북 합동법회 승인,” (2014.10.10.).
연합뉴스, “북한, 억류 중인 김국기·최춘길씨에 '무기징역' 선고,” (2015.06.23.).
연합뉴스, “천주교정의구현사제단 평양 종교행사 참석…7년만의 방북,” (2015.10.27.).
연합뉴스, “北서 기독교 적발시 3대가 수용소…최악의 박해국,” (2017.01.12.).
연합뉴스, “종교단체 6곳 대북접촉 승인…종교교류 본격화 기대감,” (2017.06.02.).
연합뉴스, “北, 종교단체 내세워 사드 비난…"민족우선 정책으로 전환해야",” (2017.08.03.).
연합뉴스, “‘억류' 31개월 만에 북한서 풀려난 한국계 임현수 목사” (2017.08.09.).
연합뉴스, “프란치스코 교황 "공식초청장 오면 갈 수 있어"…사실상 방북 수락,” (2018.10.18.).
연합뉴스, “美국무부, 북한 등 9개국 '종교자유 특별우려국' 재지정,” (2019.12.21.).
연합뉴스, “코로나19에 北평양 정교회 성당 부활절 '마스크 예배',” (2020.04.20).
자유아시아방송(RFA), “최악종교 탄압국 북한, 미신숭배,” (2011,11,10).
자유아시아방송(RFA), “북한의 지하교인을 돕고 있다,” (2013.11.07).
자유아시아방송(RFA), “북한의 지하교인을 만났다,” (2013,11,28).
자유아시아방송(RFA), “평양 러시아 정교회 사원 리모델링,” (2014.01.08).
자유아시아방송(RFA), “‘2014 세계 박해 순위’ 북한 1위,” (2014.01.14.).
자유아시아방송(RFA), “코로나 발생 후 북한 내 성경 수요 매년 2배씩 늘어,” (2022.09.26.).
자유아시아방송(RFA), “[중국 반간첩법] 선교사들 탈북민 사역 최악의 시기 맞아” (2023.07.12).
천지일보, “북한, 종교탄압 개선될 기미 거의 없다,” (2011.07.12.).
조선일보, “南北 시민사회·종교계 인사들 인민문화궁전서 면담,” (2018.09.18.).
천지일보, “WCC 한국총회 성공적으로 치러질까,” (2012.11.09).
천지일보, “금강산 신계사서 첫 합동다례재 봉행… 기념세미나 제외,” (2014.06.28).
천지우, “‘김정은, 평양 외국인 국제교회 건립 승인’… 美 프랭클린 그레이엄 목사 제안에 최근 화답," 국민일보(2013.03.11.).
천지일보, "불교계·원불교 등 北 조불련과 내달 실무접촉 '촉각,'" (2018.10.26.).
가톨릭뉴스, "내년 남북한 천주교 신앙대회 추진," (2014.11.28).
크리스천 스탠다드(Christian Standard), "복음통일, 북한의 지하교회에 달렸다," (2014.05.27.).
크리스천투데이, "'북한에 억류된 한국인 김정욱·김국기 선교사는 누구?" (2018.05.10).
크리스천투데이, "방북한 7대종단대표, 남북종교인교류 정례화," (2011.09.27).
통일뉴스, "평화3000, 남북 합동미사 협의 차 개성 방북," (2014.08.06).
통일뉴스, "3.1절 민족공동행사 분산 개최, 남북공동호소문 발표," (2014.03.01.).
통일뉴스, "러시아 정교회 주교 대표단, 12일 평양 도착," (2016.08.13.).
통일뉴스, "북한교회를 가다㉓ 평양신학원(상)," (2016.06.13.).
통일뉴스, "방북한 KCCJ·NCCJ, 조선그리스도교연맹과 교류 〈조선신보〉," (2019.08.05.).
통일뉴스, "천도교청년회 창립 100주년 기념식...'개벽정신과 동학혼 귀감으로,'" (2019.09.02.).
통일뉴스, "북 종교협회들, '반보수 · 적폐청산 투쟁' 촉구 격문 발표," (2019.11.16.).
한국기독교교회협의회, "2019년 한반도 평화통일 남북공동기도문 보도자료," (2019.07.31).
한국일보, "남북불교, 금강산 신계사서 통일기원 법회," (2013.10.13.).
현대불교신문, "알맹이 빠진 조선불교도연맹 새해 서신,'" (2020.01.09.).
헤럴드경제, "불교, 기독교 등 남북 종교계 잇딴 만남," (2014.06.29.).
헤럴드경제, "8·15 남북공동기도회 사실상 무산…北측 "제재 풀어라"," (2017.07.12.).
CBS뉴스, "대북 유연화 조치, 실질 진전 없어," (2012.11.19).
CBS 노컷뉴스, "북한선교, '지하교회' 바른 이해부터,"(2014.3.5.).
CBS노컷뉴스, "NCCK 부활절메시지 "평화가 있기를!"," (2018.03.26.).
CPBC 카톨릭평화방송, "세계 종교인 "남북 종교인 평화 노력 지지,"" (2019.08.28.).
Émile Durkheim (1858-1917), Internet Encyclopedia of Philosophy, accessed January 7, 2025, https://iep.utm.edu/emile-durkheim/#H4.
First Amendment, Encyclopedia Britannica, accessed January 7, 2025, https://www.britannica.com/topic/First-Amendment/Related-rights.
KBS 뉴스, "靑 "김정은, 프란치스코 교황 평양 초청…열렬히 환영","

(2018.10.10.).
NK조선, "평양의 고위간부 집에서도 굿판," (2004.07.13).
NK조선, "평양신학원," (2004.07.30.).
NK조선, "평양 성당서 푸틴 안내한 사할린 한인의 후손," (2024.06.24).
Open Doors, World Watch List Situation of Religious Freedom for Christians (2024).
Religion, Encyclopaedia Britannica, accessed January 7, 2025, https://www.britannica.com/topic/religion.
The Concept of Religion, Stanford Encyclopedia of Philosophy, accessed January 7, 2025, https://plato.stanford.edu/entries/concept-religion/index.html
United States Commission on International Religious Freedom(USCIRF), Annual Report (2024).
What is Religion?, OpenStax, accessed January 7, 2025. https://openstax.org/books/introduction-anthropology/pages/13-1-what-is-religion.
YTN, ""김정은이 유일신"... 北 종교 · 사상 탄압 강화," (2016.05.14.).
http://unikorea.go.kr/CmsWeb/viewPage.req?idx=PG0000000365 (2012년 1월 27일 검색)
http://www.law.go.kr/lsInfoP.do?lsiSeq=136608&efYd=20130323#0000 (2013년 7월 15일 검색)
http://www.cornerstone.or.kr/public/readArticle.asp?CurrentCatID=C4107488655629431&ArticleID=A6672028886330664(2015년 10월 6일 검색)
http://www.cornerstone.or.kr/cornerstonekr/?page_id=2623(2017년 10월 1일 검색)
https://www.un.org/sc/suborg/en/sanctions/1718/resolutions(2017년 10월 15일 검색)
http://www.unikorea.go.kr/unikorea/business/statistics/(2020년 10월 8일 검색)
https://journeytoorthodoxy.com/2017/03/first-orthodox-services-ever-kumgangsan-north-korea/(2018년 12월 10일 검색)
https://mospat.ru/en/2018/11/24/news167162/(2018년 12월 10일 검색)
https://mospat.ru/en/ 2018/08/28/news163163/(2018년 12월 10일 검색)

(사)북한인권정보센터 출판도서 목록

	도서명	저자	출판년도	가격

◇ 연례도서

북한인권통계백서(국문)

	도서명	저자	출판년도	가격
	2007 북한인권통계백서	윤여상 외	2007	20,000원
	2008 북한인권백서	북한인권기록보존소 윤여상 외	2008	20,000원
	2009 북한인권백서	북한인권기록보존소 윤여상 외	2009	20,000원
	2010 북한인권백서	북한인권기록보존소 윤여상 외	2010	20,000원
	2011 북한인권백서	북한인권기록보존소 윤여상 외	2011	30,000원

	2012 북한인권백서	북한인권기록보존소 윤여상 외	2012	30,000원
	2013 북한인권백서	북한인권기록보존소 윤여상 외	2013	30,000원
	2014 북한인권백서	북한인권기록보존소 윤여상 외	2014	30,000원
	2015 북한인권백서	북한인권기록보존소 윤여상 외	2015	30,000원
	2016 북한인권백서	북한인권기록보존소 안현민 외	2016	30,000원
	2017 북한인권백서	북한인권기록보존소 최선영 외	2017	30,000원
	2018 북한인권백서	북한인권기록보존소 임순희 외	2018	30,000원

	2019 북한인권백서	북한인권기록보존소 임순희 외	2019	30,000원
	2020 북한인권백서	북한인권기록보존소 안현민 외	2020	30,000원
	2024 북한인권백서	북한인권기록보존소 윤여상 외	2024	30,000원

북한인권통계백서(영문)

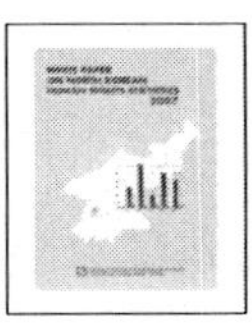	White Paper on North Korean Human Rights Statistics 2007	북한인권기록보존소 윤여상 외	2008	20,000원
	White Paper on North Korean Human Rights 2008	북한인권기록보존소 윤여상 외	2008	20,000원
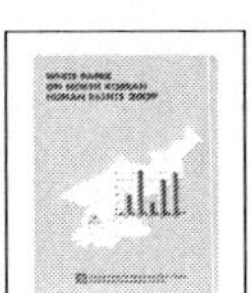	White Paper on North Korean Human Rights 2009	북한인권기록보존소 윤여상 외	2009	20,000원
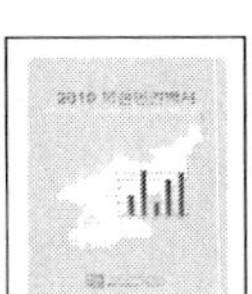	White Paper on North Korean Human Rights 2010	북한인권기록보존소 윤여상 외	2010	20,000원

	White Paper on North Korean Human Rights 2011	북한인권기록보존소 윤여상 외	2011	30,000원
	White Paper on North Korean Human Rights 2012	북한인권기록보존소 윤여상 외	2012	30,000원
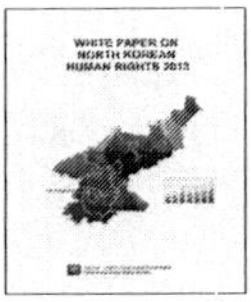	White Paper on North Korean Human Rights 2013	북한인권기록보존소 윤여상 외	2013	30,000원
	White Paper on North Korean Human Rights 2014	북한인권기록보존소 윤여상 외	2014	30,000원
	White Paper on North Korean Human Rights 2015	북한인권기록보존소 윤여상 외	2015	30,000원
	White Paper on North Korean Human Rights 2016	북한인권기록보존소 윤여상 외	2016	30,000원
	White Paper on North Korean Human Rights 2017	북한인권기록보존소 최선영 외	2018	30,000원

	White Paper on North Korean Human Rights 2018	북한인권기록보존소 임순희 외	2019	30,000원
	White Paper on North Korean Human Rights 2019	북한인권기록보존소 임순희 외	2019	30,000원
	White Paper on North Korean Human Rights 2020	북한인권기록보존소 안현민 외	2020	30,000원

북한종교자유백서(국문)

	2008 북한종교자유백서	윤여상, 한선영	2008	10,000원
	2009 북한종교자유백서	윤여상, 한선영	2009	10,000원
	2010 북한종교자유백서	윤여상, 한선영	2010	10,000원

 2011 북한종교자유백서	윤여상, 한선영, 윤중근	2012	10,000원
 2012 북한종교자유백서	윤여상, 한선영, 장은실	2013	20,000원
 2013 북한종교자유백서	윤여상, 정재호, 안현민	2013	20,000원
 2014 북한종교자유백서	윤여상, 정재호, 안현민	2014	20,000원
 2015 북한종교자유백서	윤여상, 정재호, 안현민	2015	20,000원
 2016 북한종교자유백서	정재호, 안현민, 윤여상	2016	20,000원
 2017 북한종교자유백서	안현민, 윤여상, 정재호	2017	20,000원

	2018 북한종교자유백서	안현민, 윤여상, 정재호	2018	20,000원
	2019 북한종교자유백서	안현민, 윤여상, 정재호	2019	20,000원
	2020 북한종교자유백서	안현민, 윤여상, 정재호	2020	20,000원
	2024 북한종교자유백서	양수영, 김유니크	2024	20,000원

북한종교자유백서(영문)

	White Paper on Religious Freedom in North Korea 2009	윤여상, 한선영 장은실	2009	10,000원
	Religious Freedom in North Korea 2012	윤여상, 한선영 장은실, 최선영	2013	10,000원

	White Paper on Religious Freedom in North Korea 2013	윤여상, 정재호, 안현민	2013	20,000원
	White Paper on Religious Freedom in North Korea 2014	윤여상, 정재호, 안현민	2014	20,000원
	White Paper on Religious Freedom in North Korea 2015	윤여상, 정재호, 안현민	2015	20,000원
	White Paper on Religious Freedom in North Korea 2016	정재호, 안현민, 윤여상	2016	20,000원
	White Paper on Religious Freedom in North Korea 2017	안현민, 윤여상, 정재호	2018	20,000원
	White Paper on Religious Freedom in North Korea 2018	안현민, 윤여상, 정재호	2019	20,000원

북한이탈주민경제활동동향(국문)

	2006 북한이탈주민 경제활동 동향 - 취업,실업,소득	엄홍석, 윤여상, 허선행	2007	5,000원
	2007 북한이탈주민 경제활동 동향 - 취업,실업,소득	윤여상, 허선행	2008	5,000원
	2008 북한이탈주민 경제활동 동향 - 취업,실업,소득	북한인권정보센터	2009	5,000원
	2009 북한이탈주민 경제활동 동향 - 취업,실업,소득	허선행, 임순희	2010	5,000원
	2010 북한이탈주민 경제활동 동향 - 취업,실업,소득	서윤환, 이용화	2011	10,000원
	2011 북한이탈주민 경제활동 동향 - 취업,실업,소득	서윤환, 이용화	2012	10,000원

	2012 북한이탈주민 경제활동 동향 - 취업,실업,소득	서윤환, 신효선	2013	10,000원
	2013 북한이탈주민 경제활동 동향 - 취업,실업,소득	서윤환, 신효선, 박성철	2014	12,000원
	2014 북한이탈주민 경제활동 동향 - 취업,실업,소득	임순희, 안현민	2015	12,000원
	2015 북한이탈주민 경제사회통합 실태	윤여상, 임순희	2016	17,000원
	2016 북한이탈주민 경제사회통합 실태	임순희, 윤인진, 양진아	2017	17,000원
	2017 북한이탈주민 경제사회통합 실태	임순희, 윤인진, 김슬기	2018	17,000원
	2018 북한이탈주민 경제사회통합 실태	임순희, 김석창	2019	17,000원

	2019 북한이탈주민 경제사회통합 실태	안현민, 김성남	2019	17,000원
	2020 북한이탈주민 경제사회통합 실태	김성남, 김소원	2020	17,000원
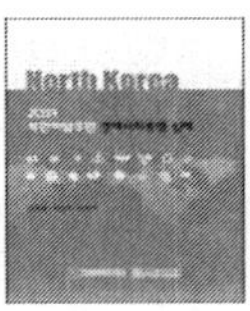	2021 북한이탈주민 경제사회통합 실태	임순희, 김가영, 성민주	2021	17,000원
	2022 북한이탈주민 경제사회통합 실태	임순희, 성민주, 이경현	2022	17,000원
	2023 북한이탈주민 경제사회통합 실태	임순희, 성민주, 이승엽	2023	17,000원

북한이탈주민경제활동동향(영문)

	2009/2010 Trends in Economic Activities of North Korean Defectors	허선행, 임순희 서윤환, 이용화	2011	15,000원

	2018 Social and Economic Integration of North Korean Defectors in South Korea	임순희, 김석창	2019	17,000원

북한인권에 대한 국민인식조사(국문)

	북한인권에 대한 국민 인식 조사	윤여상, 임순희	2014	15,000원
	2015 북한인권에 대한 국민 인식 조사	윤여상, 임순희	2015	15,000원
	2016 북한인권에 대한 국민 인식 조사	윤여상, 임순희	2016	15,000원
	2017 북한인권에 대한 국민 인식 조사	임순희	2018	10,000원
	2018 북한인권에 대한 국민 인식 조사	윤여상, 임순희	2019	10,000원

	2019 북한인권에 대한 국민 인식 조사	윤여상, 임순희	2019	10,000원
	2020 북한인권에 대한 국민 인식 조사	윤여상, 임순희	2020	15,000원
	2021 북한인권에 대한 국민 인식 조사	윤여상, 임순희, 지성호	2021	비매품, 무료
	2022 북한인권에 대한 국민 인식 조사	윤여상, 임순희, 윤기웅	2022	비매품, 무료
	2023 북한인권에 대한 국민 인식 조사	윤여상, 서보배	2023	20,000
	2024년 북한인권에 대한 국민 인식 조사	임순희, 이승엽	2024	20,000

◇ 단행본

	Are They Telling Us the Truth?	Hiroshi Kato, 김상헌, 윤여상, Tim Peters	2003	¥2,500
	북한 정치범수용소 완전통제구역 세상밖으로 나오다	신동혁	2007	13,000원
	서독 잘쯔기터 인권침해 중앙기록보존소	Heiner Sauer, Hans-Otto Plumeyer(이건호 譯)	2008	12,000원
	북한 인권 문헌 분석	윤여상 외	2008	20,000원
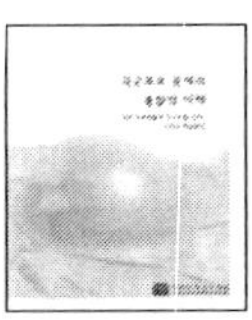	국군포로 문제의 종합적 이해	오경섭, 윤여상, 허선행	2008	15,000원
	북한의 반인도적 범죄에 대한 국제사회의 긴급대응	세계기독연대(북한인권정보센터 譯)	2011	15,000원

	북한 정치범수용소의 운영체계와 인권실태	윤여상, 이자은, 한선영	2011	30,000원
	북한 구금시설 운영체계와 인권실태	윤여상, 구현자, 김인성, 이지현	2011	25,000원
	Political Prison Camps in North Korea Today	윤여상, 이자은, 한선영	2011	$20
	Prisoners in North Korea Today	윤여상, 구현자, 김인성, 이지현	2011	$20
	북한인권사건리포트: VICTIMS' VOICES 제1권	북한인권기록보존소	2013	비매품
	北韓人権事件レポート: VICTIMS' VOICES 第1巻	북한인권정보센터	2013	비매품
	North Korean Human Rights Case Report : VICTIMS' VOICES Volume I	북한인권정보센터	2013	비매품

	북한인권사건리포트: VICTIMS' VOICES 제2권	북한인권정보센터	2013	비매품
	北韓人権事件レポート: VICTIMS' VOICES 第2巻	북한인권정보센터	2013	비매품
	North Korean Human Rights Case Report : VICTIMS' VOICES Volume Ⅱ	북한인권정보센터	2013	비매품
	중국의 탈북자 강제송환과 인권실태	윤여상, 박성철, 임순희	2013	20,000원
	North Korean Defectors in China - Forced Repatriation and Human Rights Violations -	윤여상, 박성철, 임순희	2014	$20
	Nordkoreanischer Menschenrechtsfallbericht VICTIMS' VOICES	북한인권정보센터	2014	$20
	Cahiers d'observations des droits de l'Homme en Corée du Nord VICTIMS' VOICES	북한인권정보센터	2014	$20

	북한 해외 노동자 현황과 인권실태	윤여상, 이승주	2015	17,000원
	Human rights and North Korea's Overseas Laborers: Dilemmas and Policy Challenges	윤여상, 이승주	2015	17,000원
	북한 구금시설 총서I: 북한 구금시설 현황과 개선방안	북한인권정보센터	2016	10,000원
	북한 구금시설 총서I:개천 1호 교화소	이승주	2016	10,000원
	북한 구금시설 총서I:강동 4호 교화소	유혜정	2016	7,000원
	북한 구금시설 총서I:함흥 9호 교화소	안현민	2016	10,000원
	북한 구금시설 총서I:증산 11호 교화소	임순희	2016	10,000원

	북한 구금시설 총서I:전거리 12호 교화소	김인성	2016	10,000원
	북한 구금시설 총서I:오로 22호 교화소	서윤환	2016	7,000원
	2014 유엔 북한인권조사위원회(COI) 보고서 발간 이후 북한 인권 평가보고서 : 북한인권정보센터의 DB 분석을 중심으로	북한인권정보센터	2016	비매품
	An Evaluation Report of the North Korean Human Rights Situation after the 2014 UN Commission on Inquiry Report-Based on an Analysis of NKDB's Database	북한인권정보센터	2016	비매품
	북한 밖의 북한	윤여상, 이승주	2016	20,000원
	북한 정치범수용소 근무자, 수감자 및 실종자 인명사전	북한인권정보센터	2016	비매품

	North Korean Political Prison Camps A Catalogue of Political Prison Camp Staff, Detainees, and Victims of Enforced Disappearance	북한인권정보센터	2016	비매품
	北朝鮮政治犯収容所 勤務者、収監者および失踪者 人名事典	북한인권정보센터	2016	비매품
	Campos de Concentración para Prisioneros Políticos Norcoreanos	북한인권정보센터	2016	비매품
	러시아 지역 북한 노동자의 근로와 인권 실태	박찬홍	2016	20,000원
	North Korean Overseas Laborers in Russia	박찬홍	2016	20,000원
	The North Korea outside the North Korean State	Yoon Yeo-sang, Lee Seung Ju	2017	$20

	유엔인권이사회 제1차 보편적 정례검토와 북한	최선영, 양진아, 이나경, 송한나	2017	20,000원
	The UN Universal Periodic Review and the DPRK	최선영, 양진아, 이나경, 송한나	2017	$20
	군복 입은 수감자 북한군 인권 실태 보고서	김인성, 안현민, 송한나	2018	15,000원
	북한 여성 생리 관련 실태-이런 것은 부끄러운 것으로 알아요	안현민, 심진아	2018	비매품
	The State of Menstrual Health of North Korean Women - "Periods are a shameful thing in North Korea"	안현민, 심진아	2018	비매품
	두 번째 기회: 제2차 보편적 정례검토 권고사항의 수용 및 실행에 대한 모니터링	송한나	2019	20,000원
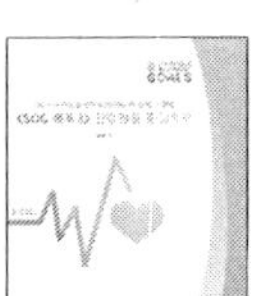	UN 지속가능발전목표(SDGs)와 인권의 결합 - SDG 목표3: 건강권을 중심으로	임순희	2019	비매품

	UN Sustainable Development Goals and Human Rights - SDG 3: The Right to Health in North Korea	임순희	2019	비매품
	스토리북 : 나의 세 번째 집	김동주	2019	비매품
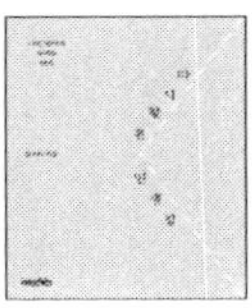	스토리북 : 다시 찾은 인생길	김주희	2019	비매품
	스토리북 : 푸르른 삼각산아	박용석	2019	비매품
	2020 초기 정착 생활 길라잡이	정착지원본부	2020	비매품
	북한 사회주의 대가정의 노동 정책과 세포 가정의 균열: 성역할의 탈가부장적 재구성의 강제와 부부갈등	최선영	2020	비매품
	스토리북 : 내 마음의 보물섬	한나라	2020	비매품

	스토리북 : 까만 가로등	정 진	2020	비매품
	북한의 SDGs와 인권 연계 프로젝트	북한인권정보센터	2021	비매품
	The Human Rights Guide to DPRK's SDGs	북한인권정보센터	2021	비매품
	Democratic People's Republic of Korea 2021 Progress Report on the Implementation of the Sustainable Development Goals	Chad Miller, Hanna Song	2021	비매품
	Prisoners in Military Uniform: Human Rights in the North Korean Military	김인성, 안현민, 송한나, 이승주	2022	$20
	북한의 난제: 인권과 핵안보의 균형	로버트 킹, 신기욱 편집 북한인권정보센터 옮김	2022	30,000원

	파놉티콘 사회 속 감시자들: 북한 비사회주의 그루빠 인권침해 실태 및 가해 매커니즘 중심으로	서보배, 성민주, 양수영	2023	비매품
	North Korea's Non-Socialist Group: Inspections, Crackdowns and Human Rights Violations in a Panoptic Society	Bobae Su, Minju Sung, Suyoung Yang	2023	비매품
	닫힌 문 너머: 보위부와 안전부의 명령체계 중심으로	양수영, 성민주, 송한나	2023	15,000원
	Behind Closed Doors: Mapping the System of Command in the Ministry of State & Social Security	Suyoung Yang, Minju Sung, Hanna Song	2023	$12
	스토리북 : 마지막 항해	이재근	2023	비매품
	스토리북 : 인생의 갈림길	유상혁	2023	비매품

	스토리북 : 삶의 굴곡 한가운데	박순실	2023	비매품
	도록 : 낯선말_표현의 그림자	북한인권정보센터 북한인권박물관건립 추진위원회	2024	비매품
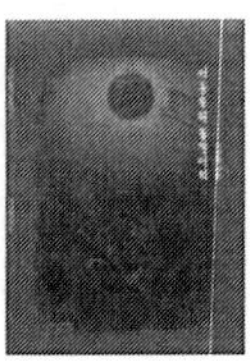	스토리북 : 어둠속의 불덩어리	이상철	2024	비매품
	스토리북 : 압록강 저 너머	이동일	2024	비매품
	스토리북 : 잊혀진 70년, 우리는 그곳에 있었다	유영복	2024	비매품
	스토리북 : 감나무밭, 작은 집	남상식	2024	비매품

	스토리북 : 두승산 밑 골짜기	한민석	2024	비매품
	세 번째 기회 : 북한 제3차 보편적 정례검토 실행에 대하여	송한나, 옥주연, 윤여상	2024	20,000원
	Third Time's a Charm? : North Korea's Implementation of Its Recommendations during its Third Universal Periodic Review	Hanna Song, Juyeon Ok, Yeosang Yoon	2024	$20
	스토리북 : 고향으로 향하는 발자국	노만식	2024	비매품
	스토리북 : 흙먼지 길을 지나 별빛 아래로	최상철	2024	비매품
	스토리북 : 남북의 끝마을	박명일	2024	비매품

	러시아 내 북한 노동자에 대한 초국가적 억압과 착취	김유니크	2025	20,000원
	Transnational Repression and Exploitation of North Korean Workers in Russia	Unique KIM	2025	20,000원

북한인권정보센터에 대하여

북한인권정보센터(이하 NKDB)는 2003년 설립되어 북한인권 침해를 기록한 Database(사건·인물 기록 144,621건, 2024년 10월 기준)를 관리·운영하고 있습니다. 이는 세계에서 가장 많은 북한인권 침해 사실이 기록된 DB로서, NKDB는 이러한 기반을 바탕으로 북한 인권 피해자들의 목소리를 국제사회에 지속적으로 알리고 있는 NGO입니다. NKDB는 유엔 경제사회이사회(ECOSOC)로부터 특별협의지위를 부여받아, 적극적으로 유엔 메커니즘에 참여하며 북한 인권 상황을 개선하기 위해 노력하고 있습니다.

NKDB는 인권 피해자에 대한 조사와 기록을 시작으로 과거와 현재를 잊지 않고 기억하는 것, 진실을 규명하는 노력을 지속하는 것, 피해자를 구제하고 명예 회복을 돕는 것이 북한인권 개선을 위해 종합적으로 중요한 과제임을 느끼며, 시민사회 NGO로써 아래와 같은 포괄적인 활동을 전개하고 있습니다.

주요 활동

- 북한 인권 조사 연구
- 북한 인권 침해 기록 및 보존
- 북한 인권 문제의 국제적 인식 제고 활동, 국제기구 및 국제 NGO 협력
- 북한 인권 문제의 기억화를 위한 활동(북한인권박물관 추진, 팝업 전시)
- 북한 인권 피해자 심리상담, 정착지원
- 고문 및 장기 구금자 지원
- 북한 인권 문제에 대한 시민사회 인식 제고 활동(교육)
- 피해자 구제 활동(법적, 비법적)

NKDB의 이러한 활동들은 북한 주민들이 자유와 존엄을 회복하는 그날까지 계속될 것입니다. 여러분의 지속적인 관심과 지원은 북한 주민들에게 큰 희망이 될 수 있습니다.

북한 인권 개선을 위한 NKDB의 사명을 함께 이루어나가고자 하는 분들의 후원을 부탁드립니다.

북한인권정보센터의 활동 및 후원과 관련한 자세한 내용은 www.nkdb.org에 접속해 확인해 주시기 바랍니다.

일시후원
신한은행 140-010-048898 (사)북한인권정보센터